Willi Lambert (Hg.)

Von Ignatius inspiriert

Erfahrungen und Zeugnisse

Ignatianische Impulse
Herausgegeben von Stefan Kiechle SJ, Willi Lambert SJ
und Martin Müller SJ
Band 50

Ignatianische Impulse gründen in der Spiritualität des Ignatius von Loyola. Diese wird heute von vielen Menschen neu entdeckt.

Ignatianische Impulse greifen aktuelle und existentielle Fragen wie auch umstrittene Themen auf. Weltoffen und konkret, lebensnah und nach vorne gerichtet, gut lesbar und persönlich anregend sprechen sie suchende Menschen an und helfen ihnen, das alltägliche Leben spirituell zu deuten und zu gestalten.

Ignatianische Impulse werden begleitet durch den Jesuitenorden, der von Ignatius gegründet wurde. Ihre Themen orientieren sich an dem, was Jesuiten heute als ihre Leitlinien gewählt haben: Christlicher Glaube – soziale Gerechtigkeit – interreligiöser Dialog – moderne Kultur.

Willi Lambert (Hg.)

Von Ignatius inspiriert

Erfahrungen und Zeugnisse

echter

Bibliografische Information der Deutschen Nationalbibliothek

Die Deutsche Nationalbibliothek verzeichnet diese Publikation in der Deutschen Nationalbibliografie; detaillierte bibliografische Daten sind im Internet über <http://dnb.d-nb.de> abrufbar.

www.echter-verlag.de
Umschlag: Peter Hellmund
Druck und Bindung: CPI – Clausen & Bosse, Leck
ISBN 978-3-429-03442-9 (Print)
978-3-429-04617-0 (ebook)

Inhalt

5. In allem lieben und dienen

Vorwort

Ignatius – wer?

Zwei Stunden nach Mitternacht in einem Zug nach München. Was ich denn so mache, fragt die junge Mitfahrerin. Ich versuche ebenso einfach wie bemüht ihr zu erklären, ich sei Priester, Ordensmitglied, Jesuit. Bei keiner der Namensnennungen und kurzen Erklärungsversuche war eine Art Wiedererkennen – »schon mal gehört« – an einer Aufhellung ihrer Gesichtszüge zu erkennen. Schließlich versuche ich es mit einem sprachlichen Umweg über »Ignatius von Loyola«. Vielleicht hatte sie doch einmal von ihm etwas im Geschichtsunterricht gehört. Eine erste Aufhellung huschte über ihr Gesicht: Ach ja, Ignatius, das sei doch der, der Jesus verraten habe! – O je! – Ob Sie da vielleicht den Judas meine? Jetzt ein stärkeres und nachhaltigeres Aufleuchten: Ja richtig, das sei ja der Judas gewesen!

Ignatianische Impulse

Offensichtlich war die junge Dame keine Leserin der Reihe »Ignatianische Impulse«, obgleich jetzt schon der 50. Band erscheint. Und ebendies haben die Herausgeber und der Verlag zum Anlass genommen, es zu einem kleinen Jubiläum zu erklären und ein wenig zu feiern. Es war schon etwas risikobehaftet, als die Jesuiten 2004 im Herbst zusammen mit dem Echter Verlag begannen, diese Reihe herauszugeben: Gibt's nicht schon spirituelle Veröffentlichungen im Überfluss? Macht sich der Verlag mit den Themen selber Konkurrenz? Es gibt auch schon die eine oder andere ähnlich gelagerte Reihe usw. – Das Experiment ist geglückt. Der Verlag ist mit dem Leser-Echo und den Verkaufszahlen zufrieden. Und wir Jesuiten freuen uns, dass wir eigene Themen, unbekannte Autoren, wichtige Anliegen und ignatianische Spiritualität einbringen können.

50. Band – Von Ignatius inspiriert

Als Festschrift geben wir – zu verbilligtem Preis – einen Band heraus, für den wir eine Reihe von Personen um ein Zeugnis von einem für sie interessanten Aspekt der ignatianischen Spiritualität gebeten haben. Was Sie in Händen halten, ist die Frucht dieses Unternehmens. Wir hatten keine festen Themen vorgegeben. So gibt es manche Doppelungen. Viele, auch objektiv wichtige Aspekte werden gar nicht oder kaum aufgegriffen. Trotzdem haben wir versucht, eine Reihenfolge zu finden, die streckenweise dem Weg des Exerzitienbuches folgt: zunächst zur Einführung Zeugnisse, die eher mit der ganzen Gestalt des Ignatius und seiner Spiritualität zu tun haben; danach Beiträge, die einigen Vorbemerkungen zum Sinn und Stil der geistlichen Übungen entsprechen; dann Zeugnisse für die Fundamentierung und Sinnrichtung des Exerzitienweges; es folgen Weisen der Gewissenserforschung und Zeugnisse für die erbarmende Gottesliebe; weiterhin Beiträge im Sinn der »Zweiten Exerzitienwoche« zur Nachfolge Christi und zur Schriftbetrachtung und schließlich eine ganze Reihe zum »Suchen und Finden Gottes in allem«, d.h. zur Liebe in der »Mystik des Alltags« (Karl Rahner).

Namen – Zeichen für Verbundenheit

Bei der Durchsicht der beteiligten Autoren und Autorinnen werden manche bekannte und viele unbekannte Namen auftauchen: der eine oder andere Bischof, viele Jesuiten, Männer und Frauen, evangelische und katholische Christen, Jüngere und Ältere. Alle sind Personen, die der ignatianischen Spiritualität und dem Exerzitienweg verbunden sind: sei es als Einzelne, sei es in geistlichen Gemeinschaften, die Ignatius nahestehen, wie die Jesuiten, die Congregatio Jesu (CJ), die »Helferinnen« (sa), die Gemeinschaft Christlichen Lebens (GCL) u.a.

Auf die Nennung von Titeln, Berufen und andere Kennzeichnungen haben wir im Inhaltsverzeichnis verzichtet, obgleich Ignatius von seiner Herkunft her Etikette nicht fremd war. Wichtiger war für ihn sicher die Kennzeichnung für sich selber als »der Pilger«. Und Pilger auf dem Weg Gottes zu den Menschen und der Menschen zu Gott, das sind wir gleichermaßen allemal. Wir möchten aber doch im Vorwort einige Personen nennen, die auf Grund ihrer kirchlichen Aufgabe Zeichen für Verbindung und Vernetzung sind: Karl Kardinal Lehmann; Bischof Dieter Scholz SJ von Zimbabwe; Generalvikar Karl Hillenbrand; Pater Alfonso Nicolás, derzeitiger Generaloberer der Jesuiten; Stefan Kiechle SJ, Mitherausgeber der Reihe und Provinzial; Schwester Angela Fries, Provinzialin der Schwestern der Congregatio Jesu (CJ); und Schwester Maria Judith Tappeiner, die Leiterin der Caritas Socialis (CS).

Die Quelle alles Guten – ein Dank

Wir, die Herausgeber der Ignatianischen Impulse – Stefan Kiechle SJ, Willi Lambert SJ, Martin Müller SJ – haben zu danken und tun dies gerne: an erster Stelle ein herzlicher Dank Herrn Häußner, dem Geschäftsführer, und Herrn Handwerk, dem Lektor des Echter Verlags, für das gelungene »joint venture« und alle gute Zusammenarbeit. Dank besonders Ihnen, den Lesern und Leserinnen für Ihr Interesse, für alle ermutigenden bzw. kritischen Rückmeldungen, für die Weitergabe der Bände als Geschenke und alle werbenden Hinweise.

Wenn es gilt, wie Ignatius einmal schreibt, dass die Dankbarkeit die »Quelle alles Guten« sei, dann müsste es eigentlich gut weitergehen können.

Willi Lambert SJ

Ignatius und ignatianische Spiritualität

Wir freuen uns, wenn viele, die zu diesem Band gegriffen haben, »alte Bekannte« sind, hoffen aber auch, dass nicht wenige erstmals sich mit ignatianischem Denken bekannt machen. Daher seien zu Beginn kurz das Verständnis von Spiritualität sowie Ignatius, seine Biographie und vor allem Eckpunkte seiner Spiritualität vorgestellt. Ein Gesamt-Überblick mag den Hintergrund und Gesamtrahmen zum besseren Verständnis der einzelnen Beiträge aufzeigen.

Ignatius – die äußere Reise

Es soll genügen, Ignatius mit einigen einfachen Kennzeichnungen einzuführen: Er wurde als baskischer Adliger 1491 geboren; als Höfling genoss er eine standesgemäße Ausbildung als Page, Schreiber, Turnierfechter u.Ä.; ein verwegener Einsatz als Soldat brachte ihm eine Beinverletzung ein, die ihn für lange Zeit zum Kranken werden ließ und einen »Karriereknick« verursachte; durch Lektüre, Gebet, Besinnung wurde er zum geistlichen »Konvertiten«, der sein Leben nicht mehr nur auf die eigene Ehre, sondern auf die Nachfolge Jesu ausrichtete; als Beter und »Pilger«, wie er sich bezeichnete, ging er lange Wege auf der äußeren und inneren Reise; zum Studenten (1524–1534) wurde er, weil er glaubte, als priesterlicher »Seelsorger« den Menschen am meisten dienen zu können; seine spirituellen Erfahrungen, die er in den »Geistlichen Übungen« niederlegte, ließen ihn zum Exerzitiengeber und großen Gestalter dieses spirituellen Weges werden; auf seinem

gemeinsamen Weg mit Gefährten wurde er zum Ordensgründer und ersten Generaloberen der schnell wachsenden »Gesellschaft Jesu«. Er starb 1556, allein, »einen Tod wie alle Welt«, wie die Gefährten schrieben. Sein letzten Worte, die man hörte, waren: »Ay Dios! Ay Dios!« – »O Gott!«
Vielleicht ist die Dynamik seiner inneren Reise am persönlichsten und besten in seinen eigenen Worten ausgedrückt: »Ich glaube, ich könnte nicht leben, wenn ich nicht etwas in meiner Seele fühlte, was nicht von mir stammt noch überhaupt menschlich ist, sondern nur von Gott stammt.«

»Das Gewicht der Seele ist die Liebe«

In dieser Aussage von Ignatius wird das Spezifische der seelisch-menschlichen Wirklichkeit ausgesagt: Der Stoff, aus dem die Menschen sind, ist für den Glauben des Evangeliums Jesu die Liebe. Hätten die Menschen sonst eine solche Ursehnsucht danach? Diese Sehnsucht ist für Ignatius die innerste Dynamik des Menschen, die ihn bewegt und zieht und treibt und sein lässt. Daher soll seine Spiritualität als eine des Liebens dargestellt werden – mit Zitaten, die ihre verschiedenen Farben aufleuchten lassen. Die meisten Hinweise stammen aus der »Betrachtung, um Liebe zu erlangen« im Exerzitienbuch. Sie gilt als ein Höhepunkt und Herzstück ignatianischer Spiritualität.

Ehrfürchtige Liebe

Mit 53 Jahren, so schreibt Ignatius, habe er seinen Weg gefunden, »der sich mir zeigen wollte« (!). Es sei der Weg der »liebevollen Ehrfurcht und ehrfürchtigen Liebe« – gegenüber Gott, den Menschen und der ganzen Schöpfung. Dies ist nach seinem eigenen Zeugnis das Herz seiner Spiritualität, dies prägt seine Beziehung in allem. Gott ist für ihn »majestas«, und zugleich gibt es auch die »familiaritas cum Deo«, die »Vertrautheit mit Gott«. Gott ist für ihn zugleich unendlich groß und nahe.

Sich mitteilende Liebe

Ignatius umschreibt Lieben mit den Worten: »Die Liebe besteht im Mitteilen/Kommunizieren von beiden Seiten. – El amor consiste en comunicación de las dos partes.« Gegenseitiges Empfangen und Geben ist der Grundrhythmus allen Lebens. Dies gilt für ganz alltägliche Begegnungen, für gesellschaftliche Vorgänge, für persönliche Beziehungen und die Offenheit für Gott. Es ist nicht verwunderlich, dass Ignatius dieses Empfangen und Geben auf besondere Weise im Kommunizieren zu realisieren sucht. Er ist ein Meister der Kommunikation.

Sich hingebende Liebe

Das spirituelle Grundwort schlechthin für alles religiöse Geschehen lautet für Ignatius »devoción«, Hingegebensein. Dies sieht er zuerst und zuletzt als Hingabe Gottes an den Menschen im »gottmöglichen Maß« und dann – in seinem berühmten Suscipe-Gebet – als Hingabe des Menschen an Gott, der allein genügt: »Gib mir Deine Liebe und Gnade – das genügt« – »Ésta me basta«. Dieses liebevolle Hingegebensein umfängt alles, auch die Spannung von Aktion und Kontemplation, Arbeit und Gebet. Deshalb kann Ignatius schreiben: »Es ist besser, bei allem devoción zu haben«, d.h. bei allem sich liebevoll hinzugeben.

Gottorientierte Liebe

Als *das* Ziel der Exerzitien gibt Ignatius an, sich Gott immer mehr »anzunähern«, ja sich von Gott umarmen und so die Liebe in sich wecken zu lassen. »Gott in allem suchen und finden«, lautet das vielleicht einprägsamste und kennzeichnendste Wort seiner Spiritualität. Für ihn heißt dies: Seinen Mitbrüdern auf dem Konzil von Trient (1546) wünscht er, dass sie durch ihre Hilfen »die Seelen zur vollständigen Erkenntnis ihrer selbst und zu größerer Kenntnis und Liebe ihres Schöpfers und Herrn bewegen«.

Unterscheidende Liebe

Ignatius spricht nicht von einer glühenden, tiefen, sondern von der unterscheidenden Liebe (lat. discreta caritas) – eine seltsame Wort-Kombination. Liebe macht nicht blind bei ihm, sondern sie hört, fragt, sucht, wägt ab. Sie ist immer auf der Suche nach dem Guten, dem Besseren, nach dem, was in Richtung von mehr Glauben, Hoffen, Lieben weist.

Freie Liebe

Die »kluge Liebe« kann nur zum Ziel führen, wenn sie eine freie Liebe ist. Wenn der Mensch nur um sich kreist, in seinen Ängsten und Vorlieben befangen ist, dann ist, so Ignatius, überhaupt kein geistliches Wachsen möglich. Befreiung kann immer auch schmerzliches Verzichten bedeuten – um der größeren Liebe willen.

Übende Liebe

Die schönsten geistlichen Erlebnisse und Ideen nützen nichts, wenn sie nicht ins Leben übersetzt, wenn sie nicht »Fleisch« werden. In diesem Sinn gibt es eine übende Liebe. Ignatius begreift Lieben als eine »Kunst«. Diese braucht Inspiration des Herzens, Achtsamkeit, Ausprobieren, Einüben und Ausüben. Nicht umsonst heißt »sein Buch«: »Exercitia Spiritualia«, »Geistliche Übungen«. Die Antwort auf das Angerührtsein durch Gott, seine »Umarmung«, drückt sich in der Gestaltung des Lebens aus. Eine entscheidende Hilfe für die Lebensgestaltung ist für ihn die tägliche Gewissenserforschung, in der Dankbarkeit, Selbsterkenntnis, Bereuen, Befreiungsschritte, Umorientierung und Lebensgestaltung ineinandergehen.

Gekreuzigte Liebe

Über ein Schriftstück mit sieben Merksätzen schreibt Ignatius als Motto: »Jesus meine Liebe ist gekreuzigt«. Im doppelten Sinn trifft dieses Wort zu: in dem Sinn, dass Jesus, der die erbarmende Liebe Gottes zum Menschen offenbart, eine »gekreuzigte Liebe ist.« Aber auch in dem Sinn, dass Ignatius sein eigenes Lieben als gekreuzigt versteht. In den Merksätzen bringt er lauter Beispiele, die mit den inneren Spannungen des Lebens das »tägliche Kreuz« sind, das es gilt auf sich zu nehmen.

Dienende Liebe

Diese auf das Leben hin orientierte Liebe ist eine »dienende Liebe«. Ignatius spricht nicht – wie manche andere Heilige und Mystiker – von der »bräutlichen Liebe«. Seine Erfüllung findet er darin, »in allem lieben und dienen zu können« (en todo amar y servir). Den Weg mit Christus sieht er immer auch mit Kampf und mit Mühe verbunden. Und von Gott spricht er in seiner großen Liebes-Betrachtung als einem, der »schwere Arbeit verrichtet« und zur Kooperation einlädt.

Wirkliche Liebe

»Man soll die Liebe mehr in die Werke als in die Worte legen«, so lautet die erste Vorbemerkung zur Betrachtung, um Liebe zu erlangen. Dieses Wort drückt einiges auch vom eher wortkargen Charakter von Ignatius aus.

Wachsende Liebe

Die Liebe tritt nicht auf der Stelle. Sie sucht Unendlichkeit. Sie will wachsen. »Magis«, »mehr«, lautet das ignatianische Zauberwort. Das »mehr« kann manchmal auch ein »weniger« sein, je nach Situation. »Komparativisch leben« (vgl. Hans Urs von Balthasar), nicht »maximalistisch« und »perfektionistisch«. – Die Dynamik dieses Wachsens zielt auf die »Lebensgestaltung in Christus«. Viele seiner Briefe enden mit dem Wunsch, den göttlichen Liebeswillen immer mehr erkennen und leben zu können. »Liebe-voller leben« – so könnte eine Kurzzusammenfassung ignatianischer Spiritualität lauten.

1. Auf der Spur der Sehnsucht

Nicht das viele Wissen
sättigt und befriedigt die Seele,
sondern das Innerlich-die-Dinge
Verspüren-und-Schmecken.
(Exerzitienbuch Nr. 2)

Sich darin üben,
die Gegenwart Gottes unseres Herrn,
in allen Dingen zu suchen,
z.B. im Sprechen, im Gehen, Sehen,
Schmecken, Hören, Denken,
überhaupt in allem, was sie tun.
Ist ja doch Gottes Majestät in allen Dingen
durch seine Gegenwart,
durch sein Wirken
und sein Wesen.
(Aus einem Brief für Studenten)

Nicht begrenzt – dennoch einbeschlossen

Unter den großen spirituellen Gestalten der Kirche hat mich von Anfang an Ignatius von Loyola am meisten angesprochen und geführt. In Rom bin ich spirituell und theologisch in die Schule der Jesuiten gegangen, später fast vier Jahre bei und mit Karl Rahner. Die Exerzitien 1958 mit Hugo Rahner auf der Höhe seiner Kräfte brachten mir die bis heute prägende Lebenswahl, die ich nur immer erneuern kann.
Was hat mich dabei besonders bestimmt? Es war wohl Folgendes:

- Prinzip und Fundament in den Geistlichen Übungen (Beginn der Exerzitien)
- Der Ruf (zweite Woche)
- Die Weisen zu beten
- Die Geheimnisse des Lebens Jesu
- Die Unterscheidung der Geister
- Regeln zur kirchlichen Gesinnung
- Der Komparativ des »Je mehr« bei Ignatius als die nach oben offene Steigerung des Glaubens: »Deus semper maior« und »ad maiorem Dei gloriam«.

Dies hat mir viel geholfen, im ignatianischen Geist »Gott in allen Dingen« zu suchen und zu finden.
Unübertrefflich verdichtet fand ich das alles in der Grabinschrift des Ignatius von Loyola, der zugleich der Vorspruch Hölderlins zum Hyperion ist: »Nicht begrenzt werden vom Größten und dennoch einbeschlossen bleiben im Kleinsten: Dies ist göttlich.«

Dafür bin ich Ignatius und den Vätern der Gesellschaft Jesu, besonders den beiden Brüdern Rahner und Hans Urs von Balthasar, immer dankbar.

Karl Lehmann

Was mir wichtig geworden ist

Was ist mir an der ignatianischen Spiritualität wichtig geworden? – Ich lasse mich in meiner Antwort auf drei Fragen ein, die mir gestellt wurden.

Was hat mich als junger Jesuit an der ignatianischen Spiritualität am meisten fasziniert?

Schon ganz von Beginn meines Ordenslebens an spürte ich ein besonderes Interesse an der Dynamik des »Banners Christi« (aus der Zwei-Banner-Betrachtung in den Exerzitien): Armut, Herabsetzung, Demut. Vielleicht lag der Grund dafür in der Schwierigkeit und Herausforderung, die diese Haltungen für mich und mein Leben bedeuteten; vielleicht, weil es mir so leicht verständlich erschien – ich bin mir nicht sicher. Es widersprach so deutlich allem, was ich für selbstverständlich hielt und mir wünschte, dass es für mich zur größten Herausforderung in meinen Jahren als junger Jesuit wurde.
Dies rief in mir eine Situation der Verwirrung hervor. Ich glaubte an die Ernsthaftigkeit der Herausforderung und hatte eine große Klarheit bezüglich des Rufes, Christus im Jesuitenorden zu folgen in geistlicher und auch in konkreter Armut. Zugleich war es schwierig für mich, echte materielle Armut in meinem Jesuitenleben zu entdecken. Selbst aus sehr einfachen Verhältnissen stammend, hatte ich im Jesuitenorden immer mehr als genug von allem zur Verfügung, was ich ehrlicherweise benötigte. Die Herausforderung, mit diesem Gegensatz umzugehen, hat mich zeitlebens begleitet.

Später half mir diese frühe Faszination sehr. Der Kontakt mit dem Buddhismus und anderen asiatischen geistlichen Traditionen half mir, die Tiefe von Ignatius' Einsicht zu erfassen. Es half mir, die Tiefgründigkeit der Bindung an Jesus Christus und sein Reich zu erkennen, die Ignatius bei allen, die die Exerzitien machen, wünscht. Besitz, Wohlstand, Ehre, Leistungen, die unseren Stolz nähren, alles das sind Ablenkungen und nur Ablenkungen vom wirklichen Leben im Reich Gottes. Asiatische geistliche Lehrer würden sagen, dass dies alles leer, illusorisch, hohl ist. Ignatius würde dem sicherlich zustimmen und es fernhalten von einem Leben im Reich Gottes. Gewichtig könnte dies lediglich unter dem Einfluss des bösen Geistes werden.

Was erhielt in der ignatianischen Spiritualität eine besondere Bedeutung durch und während meines Dienstes in Asien?

Es ist schwierig, in einem kurzen Abschnitt über 48 Lebensjahre in Asien zu sprechen. Ich will versuchen zu vereinfachen. In der ersten Phase des Kulturschocks musste ich mich von vielen Vorurteilen verabschieden, die ich als spanischer Jesuit hatte und die zu eng waren für die neue Welt, in der ich lebte. Die normalen Krisen von Wachstum und Entdeckungen halfen mir, mich ein wenig mehr auf das auszurichten, was wirklich wichtig ist. Die unvermeidlichen Auseinandersetzungen mit Oberen boten mir die Chance, eine neue innere geistliche Freiheit kennenzulernen. Dass sich dies in Asien ereignete, war wahrscheinlich Gottes Weg, mir durch alles zu helfen.

In Asien, so bin ich überzeugt, lernte ich ein wenig die ignatianische *Kontemplation der Wirklichkeit* und das

Gott finden in allen Dingen. Die Preisgabe meiner begrenzten Vorurteile hat mir geholfen wahrzunehmen, wie Gott sich müht (sich »in der Weise eines Arbeitenden verhält« – vgl. Exerzitienbuch) in den Herzen der Menschen überall und ungeachtet ihrer religiösen Tradition. Ich habe unter meinen nichtchristlichen Freunden außergewöhnliche Beispiele praktisch aller Tugenden, die ich bisher für rein christliche Tugenden hielt, gesehen. Die ignatianische Einladung, die Welt mit den Augen Gottes zu sehen, war eine große Hilfe dazu.
Reifer an Jahren und Erfahrung und in Bezug auf vedische Mystiker aus Indien verstand ich später, warum Ignatius den geistlichen Weg nicht in einer Art »mystischem Flug vom Dach« enden ließ; ganz im Gegenteil dazu hält er uns an, weiterhin unter Menschen mit schmutzigen Füßen und Händen unterwegs zu sein; er zielte auf eine, wie die Inder sagen, inkarnierte Vision (embodied vision), etwas, das er leben konnte durch bloßes Dasein. Er wünschte uns »die Liebe zu erlangen«, weil er darin den Schlüssel zum Geheimnis Gottes erblickte, zum Leben Jesu und zum Kern unserer Sendung.

Welcher Aspekt der ignatianischen Spiritualität ist wichtig und hilfreich für die Ausübung von Leitung?

Wenn man ein bestimmtes Alter erreicht hat, sagen wir 60 oder 65 Jahre, wird alles, was man sich bisher angeeignet hat oder wonach man gestrebt hat, in neuer Weise wichtig. Nichts ist verloren und nichts ist unbrauchbar. Besonders die Erfahrungen, an die wir uns als hart, schwierig oder unerfreulich erinnern, erhalten eine

neue Bedeutung und werden Quellen der Einsicht und menschlicher und geistlicher Weisheit.
Doch nun zur Frage nach der Leitung. Wenn ich ernsthaft über diese Frage sprechen soll, dann würde ich der ignatianischen Spiritualität die konstante und wiederholte Einladung entnehmen, dem eigenen »Ich« zu sterben und eine immer wachsende innere Freiheit zu fördern. Ich habe schon oft von dieser Einladung gelesen, gehört und darüber meditiert, aber es niemals ganz geschafft, ihr zu entsprechen. Als ich am 19. Januar 2008 zum Generaloberen gewählt wurde, fühlte ich, dass dies mein letzter Ruf war; dies war die letzte Gelegenheit, endgültig meiner Selbstliebe zu sterben, meinem Eigenwillen und allen persönlichen Interessen, wie es die Exerzitien uns lehren (EB 189).
Bis zu diesem Tag versuchte ich mein Bestes, um einem Oberen zu gehorchen (meinem Provinzial) oder zweien (um auch den Ortsoberen einzubeziehen). Nun hatte ich 18.500 Jesuiten zu gehorchen. Mit anderen Worten: Mein Leben bestand nun darin, Antworten auf die Fragen zu geben: Wie kann ich all diesen Jesuiten dienen? Wie den Geist des Ordens, den wir von Ignatius und seinen Gefährten erhalten haben, lebendig und gesund erhalten? Wie dies tun im Dienst für die Kirche und das Evangelium? Wie Antwort geben auf die neuen und alten Herausforderungen, denen sich die Gesellschaft Jesu gegenübersieht – mit Enthusiasmus und Eifer, mit Kreativität und Hoffnung, mit Fairness gegenüber allen und mit der tiefen Freude zu wissen, dass wir Teil von Gottes Plan sind?
Wie unser Vater Ignatius sagt: Je mehr wir unserem Ich sterben, desto besser erfüllen wir unseren Dienst und wachsen in ihm. Ein echtes Paradox. Gänzlich hingegeben, gänzlich wach, gänzlich sensibel für die Ge-

genwart und doch gänzlich abgetötet. Gott sei Dank habe ich in meinem Leben gelernt, dass wir niemals Paradoxe leugnen oder vereinfachen sollten. Sie fördern die Wahrheit unserer Suche und die Entdeckung geistlicher und menschlicher Tiefe. Der buddhistische Weg, der meiner Meinung nach die engste Berührung mit dem ignatianischen Prozess hat (Rinzai), beginnt die geistliche Ausbildung damit, den Schülern Paradoxe (Koan) vorzulegen. Ignatius, stets vertrauend auf das Evangelium, tut Ähnliches mit uns. Ich wünschte mir, ich wäre schon seit langem auf diese Weise gestorben; mein Leben wäre reicher, ergiebiger und heiliger gewesen. Aber ich habe immer noch eine Chance, genau in dem Sterben, das ignatianische Leitung erfordert.

Dieser »Tod« macht innere Freiheit nicht unmöglich. Die Freiheit, die ich brauche und anstrebe, bedeutet, auf die Wirklichkeit und die Mitbrüder zu hören, Rat zu suchen, zu beten und zu unterscheiden, mir stets die Kirche und das Evangelium vor Augen zu halten, zu entscheiden, was dem Willen Gottes am nächsten kommt, um Christus und den Menschen, für die er sein Leben gegeben hat, immer besser zu dienen. Ich hoffe, dass die Gebete der Mitbrüder in der Gesellschaft Jesu mir helfen, durch nichts anderes abgelenkt zu sein.

Adolfo Nicolás SJ

Was mich an Ignatius fasziniert

Zwischen Ignatius' und Augustinus' Gedenktagen liegen vier Wochen, die Zeit, auf welche die »Großen Exerzitien« angelegt sind. 1983 erfuhr ich die Gnade, diese oft grandios umwälzenden, manchmal still-fließend verwandelnden Energien der Exerzitien zu durchleben. Stärkten die »Confessiones« Augustins meinen Bekennermut, fand ich mich in der Gegensätzlichkeit, der Radikalität und dem beherzten Pragmatismus des Ignatius wieder, auch in der der Systematik der Exerzitien. Beide Heilige verehrten Maria. Beide liebten die Frauen. Zuerst männlich begehrend, zeugten Kinder. Später liebten sie jenseits der Begehrlichkeit. 1983 war ich 33 Jahre alt. Höchste Zeit, mein Leben umzustellen.

Vertrauen und innere Gewissheit, in Ignatius den richtigen Seelenführer zu haben, war meinem Ausflug in die Anthroposophie zu verdanken: Rudolf Steiner äußerte sich oft anerkennend, zugleich skeptisch zur Spiritualität des Ignatius. Dem einstigen Caballero misstraute er: der Orden wolle »eine Armee für Jesus«, ein »vereinseitigtes Jesusprinzip ohne Christus«. Widersprüchlichkeiten in Äußerungen Steiners, der behauptete, der Jesuitenorden habe »gegen den Marienkultus ... das Männerideal gewählt«, waren Anlass, die Biografie des glühenden Marienverehrers Ignatius zu studieren. In seinem spannungsgeladenen Seelenleben, seiner Verehrung für Maria, seiner Liebe für die Frauen sah ich mich wieder; aus seiner vorbehaltlosen Zuwendung für Roms schutzlose Prostituierte sprach ritterliches Vorbild. Seine Radikalität, seine rigide

Konsistenz in geistlichen Belangen gaben mir Orientierung in der großen persönlichen Freiheit, die auch Steiner in der Hierarchie der katholischen Kirche erkennt.

Ich kam nicht aus wohlbehütetem Leben in die Exerzitien: viel mehr zu bieten als das Bewusstsein, dass es so nicht weitergehen könne, hatte ich nicht – außer meinem unbändigen Durst nach der geliebten Nähe Jesu Christi: *Er* hatte mich zu Michaeli 1979 angerührt. Manche nennen das Christus-Widerfährnis. Wie kam ich nun hier an? Krank, aus einer geschädigten Biografie mit Flecken und Schmutzrändern. Und jetzt: Ignatianische Exerzitien. Mit all ihrer bestürzenden und befreienden Wucht, all ihren Pfaden in dunkelste Tiefen, Flügen in lichteste Höhen. Permanente Seelenarbeit: Fehlhaltungen entlarvend, Irrtümer aufdeckend, Alibis zertrümmernd, Unzulänglichkeiten spiegelnd, Trost spendend, Bewusstsein entwickelnd. Wen Gott will, den macht er zuerst zu nichts – Text auf einer Karte auf meinem Nachttisch. Gewiesen hat den Weg Ignatius. Unnachgiebig liebevoll geführt hat mich sein geistlicher Sohn Josef Bill SJ. Vier Wochen, um ein biografisches Trümmerfeld aufzuräumen. Zudem die Generalbeichte bei Franziskaner und Ignatiusfreund P. Matthias Utters OFM. Der sagte: »Wirf doch alles auf *sein* Kreuz!« Das tat ich. Die höhere Ehre Gottes lebte wieder in der Mitte. Aus allem Schmerz meines Lebens geboren. Vergebung aus tiefstem Herzen konnte ich schenken, hatte sie ja zuvor von *Gott* überreichlich erhalten: *Er* hatte mich in Exerzitienwoche 2 von schlimmer chronischer Krankheit befreit. Das wäre bei Menschen nicht möglich gewesen. Der geistliche Weg der Exerzitien lässt nichts übrig.

Das war Ignatius' eigene Seelenerfahrung. Vielleicht das größte Faszinosum an diesem unergründlichen Mann.

Michael Erlat

Pour quoy non – Warum nicht?

»Exerzitien unterwegs – auf den Spuren des hl. Ignatius« brachten mich 1994 in das Schloss der Loyolas. Dort begegnete ich in einem Nebenraum, der früheren Hauskapelle, einem Bild, das die Verkündigung der Menschwerdung Jesu Christi darstellt. »Pour quoy non?« – »Warum nicht?« – am unteren Bildrand eingeritzt.
Diese Frage ist in mich hineingefallen, ließ mich mehr von der Kraft und Entschiedenheit der Antwort Marias erahnen. Ähnlich mag es dem verwundeten Ignatius ergangen sein, als er, aus Pamplona zurückgebracht, in den Zeiten der Genesung dieses Bild, das seine Schwägerin in die Ehe mitgebracht hatte, sah.
Im Alltag stellt sich jenes »Warum nicht?!« immer wieder ein und wirkt, als würde es Türen öffnen.
Begegnungen, auf die ich mich lange gefreut hatte, fielen ins Wasser. Von mir kam ein enttäuschtes »Warum?« und nach ein paar Atemzügen fand ich zum »Warum nicht?!« Ich konnte mich von Enttäuschungen lösen und wurde frei für Neues.
Bei Anfragen treten die vielen Termine vor Augen, oft auch ein »Ich kann nicht!« Aus solcher Enge führt das »Warum nicht?!« heraus und lässt neue Möglichkeiten entdecken.
In Geistlicher Begleitung oder Supervision konnte ich manchen, die sich in einer festgefahrenen Situation befanden, mit diesem »Warum nicht?!« anbieten, ihre Lage in einem neuen Licht zu sehen.
»Pour quoy non?« – für mich ein ignatianisches Zauberwort.

Hildegard Joeres

Nüchternheit und Offenheit

Kann man mit Jesuiten eigentlich auf das Oktoberfest gehen? – Ein alter Freund aus München fragte mich dies kürzlich, und ohne zu zögern bestätigte ich ihm: Ja klar! Wieso denn nicht? – Jesuiten wirkten auf ihn meist eher nüchtern. Aber heißt nüchtern denn nicht, ganz in der Gegenwart zu leben? Ignatianische Spiritualität ist von einer großen Weltfreudigkeit gekennzeichnet. Für mich ist Gott in stärkster geistlicher Bewegung nicht mehr gegenwärtig als im alltäglichen unspektakulären Leben. Seine Spuren und seine Weisung darin zu erkennen ist eine Herausforderung und ein Geschenk. Wir Jesuiten versuchen dies im Tagesrückblick betend aufzunehmen.

Nüchternheit im Gebet heißt aber nicht, unbewegt zu sein! Etwa bei einer Schriftbetrachtung begeisterte Freude zu erleben, gerührt oder manchmal sogar verwirrt zu sein: Dazu leitet Ignatius an, der in seinem Geistlichen Tagebuch selbst häufig von Tränen berichtet. Überwältigende Trunkenheit und auf der anderen Seite entmutigende Trockenheit haben aber in unserem Beten nicht das letzte Wort. Das Exerzitienbuch listet nüchterne Regeln zur Unterscheidung der Geister auf. Ich versuche, mit ihnen einen klaren Blick zu bekommen, wohin der Wille Gottes und das eigene Verlangen mich ziehen. Der Geistliche Begleiter, ein nüchterner Weggefährte, kann helfen, die verschiedenen Regungen im Gebet und im Leben besser einzuordnen.

Eine der Regeln aus dem Exerzitienbuch lautet: »Jeder muss bereitwilliger sein, die Aussage des Nächsten zu retten, als sie zu verurteilen« (EB 22). Versuche wirklich zu verstehen, was dein Gegenüber meint, auch wenn es dir noch so seltsam vorkommt! Diese Offenheit gegenüber den Erfahrungen, Empfindungen und Meinungen von anderen kann mir helfen, mich unvoreingenommen auf fremde Kulturen, Religionen und Weltbilder einzulassen. Dadurch kann ich sie und mich selbst und auch den eigenen Glauben besser verstehen. Fremde Kulturen begegneten mir nicht nur im südsudanesischen Busch, wo ich im Jesuiten-Flüchtlingsdienst arbeitete. Es beginnt oft schon in Deutschland bei meinem Nachbarn, der ein anderes Verständnis von Gesellschaft oder Kirche hat. In Nüchternheit zu sehen, was verbindet und was trennt, nach den Gründen zu suchen und auch kritisch zu hinterfragen, gehört zur intellektuellen Redlichkeit, die ich im Jesuitenorden schätze: Glauben und forschen, beten und reflektieren, ja sogar zustimmen und provozieren schließen sich nicht aus, sondern fördern sich gegenseitig im ignatianischen Weltbild. Es geht um Erfahrungstrunkenheit, die wir Jesuiten in persönlicher Redlichkeit nüchtern zu reflektieren versuchen. Denn kann ich wirklich fundiert über die sozialen, psychischen oder geistlichen Auswirkungen von Trunkenheit nachdenken, ohne je auf dem Oktoberfest gewesen zu sein?!

Bernhard Knorn SJ

Rhythmus zur Lebensmelodie

Über »ignatianische Spiritualität für mich« zu schreiben kommt mir vor, als wollte ich einen Rhythmus von seiner Melodie trennen. Aber vielleicht ist es das: im Geist voranzugehen ist der verborgen tragende Rhythmus zur Melodie eines Lebens.

Diesem Bild überlassen, entsteht in mir ein Tango: treibender, glückender Rhythmus, am Abgrund des Wahns entlang. Mal für einen endlosen Wimpernschlag angehalten, um dann hineinzugleiten in fließend sinnliche Bewegung: Raumgreifend, pulsierend, packt er mich in den Eingeweiden und zieht. Da gibt es kein Ausweichen, kein Zuschauen, keine Distanz – Risiko aber und Erschauern. Sorgsames Schauen und Scheiden. Alles fließt, aber dreht es im Takt? Der Geist auf der Suche nach einem Körper.

Dieser Tango, Rhythmus für Jesu Werde-Weg, dann und heute: Der hinabgestiegene König ruft, er führt den Tanz. Rhythmus für Nazareth auch und jenseits Galiläa. Rhythmus, der mich mehr derjenigen in die Arme lockt, die täglich mein Leben teilt, die mal nah, mal fremd mit mir sich wiegt; und so mehr dem zu, der mein Leben immer sei: Liebe in der Liebe in der Liebe. Das Mehr. Rhythmus, der meinen Herzschlag formt. Rhythmus, der Frucht hervorbringt und Verantwortung: heranwachsen und hinübergehen. Ein falscher Schlag jedoch: Es zerbricht, die Zuneigung zerspannt zur Fratze.

Und schlägt einer Töne an, darin der Tango klingt, erkennen wir uns ohne Blick, fließen Bewegungen zusammen, entsteht Gefährtenschaft auf dem Weg, Freund-

schaft im Herrn – und lässt sich wieder. Und alles, jede Blume, jede Träne, jedes Rede-Hören schwingt, trifft das einziggeborene Wort. Aus allen Poren strömt hervor, schaue ich im Schweben, Stampfen, Biegen in schwindelnd klarem Blick die Gegenwart hindurch. Und jede Stunde finde ich – oder doch nie und nie? Als ob ich gegenwärtig wäre, bevor ich war.
Der Rhythmus aber ist komplex, mal verschwindet er hinter der Melodie, mal verliere ich ihn, stehe dann trittlos, gehe fehl, lasse mich ins Irre führen, suche, beginne neu. Und wie lange drängt und tastet, bis, was ich höre, je Fleisch wird und Blut, Gestalt, Funke und Feuer. Bis meine Seele sich gibt, ganz Tanz zu sein, in Hinwendung von beiden Seiten, aus den Berührungen neu geboren – zu der größeren Gnade und Liebe hin.

Peter Hundertmark

Geduld – der »lange Atem der Leidenschaft«

Zur Priesterweihe sollten wir Kandidaten uns im »Freundeheft« vorstellen und etwas zu unserem Weg sagen. Vor nun 34 Jahren habe ich als wesentlich für meine Entscheidung, Jesuit zu werden, benannt, was mich an Ignatius bis heute fasziniert: sein nüchterner, schnörkelloser Realismus, mit dem er der Welt begegnet und die Menschen hier und jetzt ernst nimmt – und gleichzeitig seine visionäre Weite, die den Blick öffnet für die Tiefendimensionen des Lebens, für die Weise, »wie Gott (als der ›Freund des Lebens‹) in allem wohnt und wirkt« (EB 235).

Manche Entdeckungen haben seitdem meinen Eindruck von damals ergänzt und lebendig gehalten. Staunend habe ich oft gefragt, wie Ignatius solch einen Spannungsbogen leben konnte. Nicht zuletzt die beeindruckende Ignatiusbiographie von Ignacio Tellechea »Allein und zu Fuß« hat mir eine wichtige Spur eröffnet. Sie hat zu tun mit den langen Wegen, die Ignatius gegangen ist, buchstäblich und im Sinne innerer Entwicklungen. Da war nicht einfach klar, wie das Ziel genau aussehen würde. Ignatius schaute nach den Schritten, die ihm als die nächstmöglichen im Sinne des Willens Gottes stimmig erschienen – und dann machte er sich auf den Weg, vertrauend und »wartend«, dass ihm zu gegebener Zeit gezeigt werde, was zu tun sei. Mir wird dies ein immer wichtigeres Korrektiv zu einem Klischee von Ignatius, das uns nicht selten auch subtil beeinflusst: Ignatius, der große Stratege und Willensmensch, der seine Ziele benennt und ins Auge fasst, um

dann zielstrebig voranzugehen und sie umzusetzen, ganz im Sinne der Dynamik des »magis« sich bemühend, »je mehr« für das Reich Gottes zu tun. Der Schritt in das Missverständnis des »magis« als einem leistungsorientierten Vorangehen ist da nicht weit. Das ist aber nicht Ignatius. Für ihn ist es das Vertrauen in die je größeren Möglichkeiten Gottes, das ihn auf dem Weg bleiben lässt und ihm den langen Atem gibt, geduldig zu warten, bis sich ihm – oft dann ja überraschend – erschließt, was er tun soll.
Und so gewinnt für mich Ignatius immer mehr Bedeutung als der Mann des leidenschaftlichen Vertrauens, der mit langem Atem hinhört, in welcher Weise »sein Herr« sich seiner bedienen will, damit in unserer menschlichen Begrenztheit ein »je mehr« Seiner Möglichkeiten wirklich werden kann. Die Leidenschaft für seinen Gott, der ihn als Partner auf den Weg Jesu gerufen hat, gibt Ignatius das Vertrauen, dass ihm zu gegebener Zeit gezeigt werden wird, was er zu tun hat. Konkreter Ausdruck dafür sind Geduld und langer Atem. In der Formulierung von Eberhard Jüngel »Die Geduld ist der lange Atem der Leidenschaft« kommt mir Ignatius neu nahe als einer, der, angerührt von seinem Herrn, sein Herz gewissermaßen in den Horizont Gottes vorauswirft und sich dann vertrauend auf den Weg macht, es im nüchternen Alltag wieder einzuholen.

Bernd Franke SJ

2. In Freiheit loben und lieben

In diesen geistlichen Übungen
ist es angebrachter und viel besser,
dass der Schöpfer und Herr selbst
sich seiner frommen Seele mitteilt,
indem er sie zu seiner Liebe
und seinem Lobpreis umarmt.
(Exerzitienbuch Nr. 15)

Der Mensch ist geschaffen,
um Gott, unseren Herrn, zu loben,
ihm Ehrfurcht zu erweisen
und zu dienen
und mittels dessen seine Seele zu retten.
(Exerzitienbuch Nr. 23)

Wahre überall die Freiheit des Geistes
und vor wem auch immer;
scheue niemanden, sondern habe immer
die Freiheit des Geistes zu Gegensätzlichem
und verliere sie um gar keines Hindernisses willen;
darin lass niemals nach.
(aus Merksätzen des Ignatius)

Auf dem Weg zu Freundschaft und Liebe

Ein Aspekt des Exerzitienbuches, der mich besonders fasziniert, ist die Art und Weise, wie die verschiedenen Übungen in den Exerzitien den Beter von einer Freundschaft mit Gott hin zur Liebe zu Gott führen. Nur weniges kann ich andeuten: Schon in den für den Exerzitienbegleiter geschriebenen Vorbemerkungen (vgl. EB 15) weist Ignatius darauf hin, dass sich der Begleiter nicht in den Exerzitienprozess hineindrängen solle, sondern Gott selber den Menschen umarmen lassen und so die Liebe in ihm wecken möge. In der sogenannten Ersten Woche der Exerzitien, nachdem der Exerzitant in der Betrachtung des ›Prinzips und Fundamtents‹ (EB 23) sein grundsätzliches Ausgerichtetsein auf Gott bedacht hat, lässt Ignatius den Beter vor allem das Bild von Jesus als einem guten und vertrauten Freund betrachten. Auch dann, wenn die Übungen der Ersten Woche vor allem in den Betrachtungen zur eigenen Sündhaftigkeit bleiben, weil der Beter erkennt, dass er nicht so gelebt hat und lebt, wie er eigentlich leben sollte, fordert Ignatius den Exerzitanten auf, jede der Übungen in einem Gebet zu Jesus so zu beenden, als unterhielte man sich mit einem vertrauten Freund, gegenüber dem man sich auch anklagen und um Rat bitten kann (vgl. EB 54).

In der Zweiten Woche, in der der Beter die Person Jesu kennenlernt und seinen Blick von der eigenen Selbstbefangenheit auf Jesus richtet, wird er seine eigenen Lebensziele denen der Person Jesu angleichen wollen. Jesus ist ebenso Freund wie Vorbild. Mit ihm und den

Seinen möchte man sich für die richtigen Ideale einsetzen (EB 136), und dadurch wächst anfänglich die Liebe zu ihm (vgl. EB 104). So wichtig es ist, die richtigen Ideale und Ziele zu haben – es ist nur eine Vorstufe zur Tiefe religiöser Erfahrung, zu denen Ignatius den Exerzitanten führen möchte.

In der Dritten Woche intensiviert sich die Nachfolge Jesu und konfrontiert sich der Beter mit dem Leiden Jesu, und das bedeutet: mit seinem eigenen Leiden, seinen inneren Verwundungen, den Verwundungen der Welt und seiner Sterblichkeit. Das Ziel der Dritten Woche ist die Versöhnung mit der eigenen Dunkelheit und derjenigen der Welt. Der Beter wird leidensfähiger. Diese Leidensfähigkeit wird freilich nicht um ihrer selbst willen gesucht, sondern ist die Kehrseite einer ganz anderen Fähigkeit: der Fähigkeit zu lieben. Lieben und Leiden sind wie zwei Seiten einer einzigen Medaille, denn in dem Maße, in dem Menschen auf versöhnte Art leidensfähig sind, sind sie in der Lage zu lieben. »Ich mag Dich leiden«, heißt es nicht ohne Grund, wenn man sagen möchte, dass man einen anderen Menschen gern hat. Es ist nur konsequent, dass am Ende der Exerzitien in der Vierten Woche die Betrachtung der Auferstehung vor allem eine Betrachtung über die Liebe ist. Der Beter wird befähigt, in allem Gott zu lieben und ihm zu dienen (EB 233). Hier sind wir auf dem Gipfel christlicher Mystik: »Gib mir nur Deine Liebe und Gnade – das genügt mir!« (EB 234).

Dass es im christlichen Leben vor allem um diese eine große Liebe geht, die unser Herz so brennen lässt, dass wir nicht anders können, als Gott dienen zu wollen in dem, was wir arbeiten und wie wir leben, ist ein heilsames Korrektiv für mich. Denn es ist klar:

Ohne eine solche brennende und innere Liebe ist jeder apostolische Dienst, so brillant er nach außen auch sein mag, im Inneren eines Menschen fade und hohl.

Michael Bordt SJ

Endlich begann ich zu leben

Exerzitien sind eine sehr persönliche Angelegenheit, zumindest der Weg, den »man« in dieser Zeit geht. Wenn ich hier davon erzähle, was Exerzitien für mich bedeuten, dann eben als von etwas Persönlichem, das wie jede Begegnung einmalig, unwiederholbar und ebenso auch nicht machbar oder herzuleiten ist.
In der Karwoche 1987 nahm ich an Einzelexerzitien teil. Es war am Gründonnerstag, als mich – wodurch hervorgerufen, das weiß ich heute nicht mehr – ein noch nie in diesem Ausmaß erlebtes Gefühl von Dankbarkeit durchströmte. Nach fast 30 Lebensjahren spürte ich – endlich – mit all meinen inneren und äußeren Sinnen, dass ich lebe und Gott mich liebt. Ich erlebte meine Umgebung – Natur und Menschen – völlig neu und erinnere mich heute noch, dass ich am Karfreitag auf meinem Spaziergang in der Mittagszeit den vielen Wegkreuzen nicht voller Trauer – was ich an so einem Tag für angemessen gehalten hätte –, sondern mit Freude und Dankbarkeit begegnete: »Danke, Jesus, dass Du das für uns getan hast!« – Zuvor nicht gekannte Leichtigkeit und Lebensfreude erfüllten mich nach diesen Exerzitien.
Seit jener Karwoche war ich recht regelmäßig, beinahe jährlich, in Einzelexerzitien – immer in der Spannung zwischen »mich mühen« und »geschehen lassen«, zwischen meiner Sehnsucht nach Begegnung, Berührung, nach einer Botschaft, einem Wort für mich – also mit meiner Sehnsucht nach lebendiger Beziehung zu Gott einerseits und meiner Ungeduld, Unruhe und mangelnden Konzentration andererseits. Jedes Mal kämpfe

ich gegen diverse innere und äußere Ablenkungsmanöver an und bin mir immer wieder unsicher, ob ich denn wirklich alles »richtig mache«.
Die Konfrontation mit den Grenzen meiner Fähigkeiten und Möglichkeiten, aber auch mit meinen Dunkelheiten und den Ungereimtheiten meines Lebens und Handelns schmerzt mich jedes Mal aufs Neue – und ist doch irgendwie auch heilsam. Jede Exerzitienzeit erlebe ich als neues Suchen, als mehr oder – meistens – weniger gelingenden Versuch, mich einzulassen auf die Begegnung mit Gott, offen für Ihn zu werden, meine Sinne zu schärfen, um Seine Botschaft vernehmen zu können. Meistens fahre ich mit dem Gefühl leerer Hände und innerer Wüste nach Hause – und spüre erst in den Tagen und Wochen danach, dass doch »etwas« anders ist als vorher – leise, kaum zu erkennen, aber doch da. Und auch wenn der Alltag manche Erfahrung überwuchert, hilft die Erinnerung, das Erlebte in mir lebendig zu halten und zu festigen.
Mehr als zwanzig Jahre nach der oben beschriebenen Erfahrung erlebte ich vor einigen Jahren am Ende meiner Exerzitienwoche etwas, das mich seither besonders durch schwere Zeiten begleitet: Eine Blutbuche im Garten des Exerzitienhauses, in deren Schatten ein Kreuz steht, wurde mir unverhofft zum »brennenden Dornbusch« und vermittelte mir die Botschaft Gottes: »*Ich* bin da – *Ich* bin mit dir!«

Elisabeth Meuser

Nicht leben können ohne …

»Er sagte, er meine nicht leben zu können, wenn er nicht in seiner Seele etwas fühle, das weder von ihm stamme noch überhaupt menschlich sei, sondern nur von Gott stamme.«
Dieser Satz von Ignatius begleitet mich seit längerer Zeit. Zuerst wurde mir bewusst, wie viele Menschen ich kenne oder getroffen habe, die meinen, nicht oder nicht mehr leben zu können: Menschen, die z.B. in Kalkutta auf der Straße oder in Osaka in Containern leben, und bei uns jüngere und alte Menschen, die ihre Einsamkeit nicht ertragen können … Und ich? Ich fühle mich hilflos und spüre doch: Ich darf nicht einfach wegschauen, ich muss den Schmerz ertragen, nichts tun zu können, ich muss die Ratlosigkeit ertragen, auf das Warum keine Antwort zu finden. Dabei hilft mir immer wieder der Satz von Mutter Theresa »Lieben, bis es weh tut«. Ich formuliere ihn für mich: »Lieben, auch wenn es weh tut.«
Dazu kamen Erinnerungen an Krisen in meinem eigenen Leben, wo ich meinte, nicht mehr leben zu können, wo ich mich fragte: Hat das alles einen Sinn? Und welchen? Es schien verlockend, die Augen zu schließen, um die inneren Abgründe, die plötzlich da waren, als nicht mehr so bedrohlich zu erleben; keine Angst mehr haben zu müssen vor dem Leben und vor dem Sterben. In diesen Zeiten schaute ich in eine scheinbar grundlose Tiefe meiner Seele. Sie wurden ausgelöst durch äußere Ereignisse, die zu inneren Erfahrungen von Leere und Sinnlosigkeit führten: Durch den Tod mir nahestehender Menschen rührte mich ein unbe-

greifliches Geheimnis an. Durch das Leben in einem mir bis dahin fremden Land mit einer mir unbekannten Sprache lernte ich eine große Einsamkeit und das Fremdsein kennen.

Zwei menschliche Erfahrungen sind mir im Zurückschauen wertvoll geworden: Um Menschen verstehen zu können, ist es für mich notwendig, mich für ihre Kultur zu interessieren, und das kann ich nur, wenn ich ihre Sprache einigermaßen kenne und verstehe. Und: Für mich ist die Sprache etwas sehr Kostbares. Wenn ich mich nicht ausdrücken und andere Menschen nicht verstehen kann, »kann ich nicht leben«.

Ich könnte nicht leben, wenn ich nicht in meiner Seele etwas fühlte, das ... nur von Gott stammt. – Die Frucht meiner Erfahrungen sehe ich heute darin, dass ich in meinem Fühlen und in meinem inneren Erleben eine Ahnung des göttlichen Geheimnisses wahrnehme, welches in jedem Menschen und auch in mir Leben schafft, dass ich aus einer wachsenden Vertrautheit mit Jesus Christus in seinem Menschsein und in seinem Gottsein leben darf und dass ich dafür dankbar bin und mich darüber freuen kann, dass ich lebe.

Karla Hasiba sa

»Die Aussage des anderen retten« (EB 22)

Folgende Regel aus dem Exerzitienbuch ist mir über die Jahre wichtig und nützlich geworden: »Damit sowohl der, der die geistlichen Übungen gibt, wie der, der sie empfängt, mehr Hilfe und Nutzen haben, ist vorauszusetzen, dass jeder gute Christ bereitwilliger sein muss, die Aussage des Nächsten zu retten, als sie zu verurteilen. Und wenn er sie nicht retten kann, erkundige er sich, wie jener sie verstehe. Und versteht jener sie schlecht, so verbessere er ihn mit Liebe. Und wenn das nicht genügt, suche er alle angebrachten Mittel, damit jener, indem er sie gut verstehe, sich rette.«
Mir ist das zu einem wichtigen Leitungsprinzip geworden: die Aussage des anderen retten! Oder schlichter gesagt: einfach erst mal richtig zuhören, mit Empathie und mit dem ehrlichen Wunsch, die anderen und ihr Anliegen wirklich zu verstehen bzw. guten Willen und Wahrheitsgehalt zu unterstellen. Das ist ja genau das Gegenteil von dem, was wir allabendlich in den Talkshows und in diversen öffentlichen Debatten erleben. Da geht es ja allzu oft darum, dem Gegenüber zuzuhören, und zwar freundlich zu schauen, aber die ganze Zeit im Blick zu haben, wann der Punkt kommt, an dem ich einhaken kann, an dem ich ihm »eins auf die Nase« geben kann – auch um den Preis, dass ich seine Aussage verdrehe oder dass eine gute Idee verloren geht. Für Ignatius ist dies keine Grundhaltung für unser Reden. So habe ich mir zum Beispiel angewöhnt, nachdem ich mir angehört habe, was alles dafür spricht, einen Verweis auszusprechen oder durchzuführen, immer auch zu fragen: So, und jetzt nimm bitte noch mal die

Position des anderen ein und erklär du mir, was dafür spricht, diesen Verweis nicht auszusprechen. Sprich es aus! Ich gehe also nicht nur »mental« davon aus, dass es eine andere, abweichende Position gibt, sondern ich lasse sie zu Wort kommen. Ich nehme diese Übung selber vor, erwarte sie aber auch vom »Ankläger«. Und: Kann ich etwas finden in dem, was ich höre, dem ich zustimme und das ich teilen kann? Was hast du Wertvolles entdeckt? Welchen Weg können wir noch gehen, welche Extra-Meile (vgl. Mt 5,41)? Es geht darum, immer zu hören: Was rettet den Dritten? Ich unterstelle dem »anderen« also zunächst guten Willen oder eine positive Intention. Dazu kommt, dass ich nach der Wahrheit suche in dem, was ich höre – statt von vornherein Irrtum, Dummheit oder gar Lüge zu unterstellen.

Ignatius geht davon aus, dass Gott sich dem jeweils anderen auch zeigt und dass dessen Beziehung zum gemeinsamen Schöpfer gleich wertvoll ist wie meine bzw. wie die dessen, der als »Exerzitienmeister« auftritt. Im Hören auf den anderen und im Retten seiner Aussage gebe ich dem Geist der Wahrheit Raum. Ähnlich ist meine Erfahrung in Leitungsverantwortung: Ich muss das Gefälle der Beziehung z.B. als »Chef« nicht aufgeben und verliere nichts an Autorität, wenn ich bereit bin, dem anderen Gutes, vielleicht Originelles und Ehrlichkeit, zu unterstellen. Im Gegenteil, es ist nützlich und hilfreich – für beide (!) meint Ignatius.

Johannes Siebner SJ

In der Mitte der Waage

Was ist mir an der ignatianischen Spiritualität besonders wichtig geworden? – Ganz klar: das Bild von der Waage: »Der die Übungen gibt, soll in der Mitte der Waage stehen«, also auf jener Stelle, von wo aus er das Ergebnis der Wägung nicht mehr beeinflussen kann, so dass sich die Waage in die Richtung derjenigen Schale neigen kann, auf der tatsächlich das größere Gewicht, das »magis!« liegt.
Ich bin Lehrer. Durch das Bild der Waage habe ich begriffen, dass Lehrer Räume freigeben müssen, damit der Schüler oder die Schülerin zu eigenen Erkenntnissen kommen kann. Diesen Freiheitsräumen steht vielfältiger Druck entgegen. Die Gesellschaft will, dass wir Lehrer den Schülern bestimmte Dinge beibringen. Die Wirtschaft verlangt arbeitsmarkttauglichen Nachwuchs. Die Kirche möchte volle Gottesdienste sehen. Die Eltern wollen für ihre Kinder das, was sie für das Beste halten. Das alles ist in Ordnung und gar nicht zu verurteilen. Aber ich als Lehrer bin nicht einfach nur das ausführende Organ von gesellschaftlichen, kirchlichen oder familiären Interessen, auch dann nicht, wenn diese legitim sind. Ich diene den Schülern, wenn ich bei mir selbst in der »Mitte der Waage« bleibe und den Druck nicht weitergebe. Nur dies ermöglicht den Schülern auf Dauer, bei sich selbst die Mitte der Waage zu erkennen und sich auf sie zu stellen, um so den Willen Gottes, die Stimme des Gewissens und das in der Situation Angemessene zu erspüren.

Klaus Mertes SJ

Ziel und Mittel

Die Arbeit wächst mir über den Kopf: Gottesdienste, Predigten, Vorträge sind vorzubereiten; auf dem Schreibtisch stapelt sich Unerledigtes; ich sollte mir mehr Zeit nehmen für Seelsorggespräche, für unser Personal, für meine Angehörigen und Freunde, für mich selbst und für Gott; ich müsste die heutigen Aktivitäten kritisch hinterfragen und neue konzipieren. Sosehr ich mich auch bemühe: Ich sollte und müsste immer viel mehr tun, als ich schaffe. Mein Leben ist zu kurz für die unendliche Fülle der Möglichkeiten. Ich muss mich entscheiden, was ich tue und was ich lasse.

In dieser Not hilft mir die ignatianische Unterscheidung zwischen dem Ziel und den Mitteln. Mit zwingender Logik formuliert Ignatius das »Prinzip und Fundament« (EB 23). Es gibt nur *ein* Ziel: »Gott, unseren Herrn, zu loben, ihm Ehrfurcht zu erweisen und zu dienen und damit seine Seele zu retten.« Anders formuliert: Ziel des Lebens ist es, in der Liebesbeziehung mit Gott das Glück des Lebens zu finden. Alles andere gehört in den Bereich der Mittel. Sie sind danach zu bewerten, ob sie zum Ziel hin oder von ihm weg führen. Mir hilft dieses Prinzip, Ordnung ins Chaos der alltäglichen Möglichkeiten, Verpflichtungen und Probleme zu bringen. Anders als nach Helmut Qualtingers Ausspruch »Ich weiß zwar nicht, wo ich hin will, dafür bin ich schneller dort« muss ich mich nicht bemühen, möglichst viele Aufgaben möglichst schnell zu erledigen. Ich darf alles weglassen, was in eine andere Richtung als zu meinem Ziel führt. Ich bekomme Freiraum für Neues, das mich ihm näher bringt. Und ich habe ein Kriterium, das Notwendige vom Unnötigen zu unterscheiden.

In der Praxis ist das zwar manchmal nicht so einfach; alles erscheint irgendwie wichtig. Ich muss mich nicht immer zwischen Richtig und Falsch entscheiden. Wichtig ist die *Richtung*, in welche meine einzelnen Schritte führen. Weil es nach Ignatius darum geht, dass wir »allein wünschen und wählen, was uns *mehr* zu dem Ziel hinführt, zu dem wir geschaffen sind«, darf ich das wählen, was mehr hilft, und getrost lassen, was weniger geeignet ist.

Ich begegne vielen in der Kirche Engagierten, die sich überfordert fühlen. Ich lade sie ein, zwischen Ziel und Mitteln zu unterscheiden. Ziel der Kirche ist es, den Menschen die Liebe Gottes zu bezeugen und sie in eine lebendige Beziehung zu ihm und untereinander zu führen. Im Blick auf dieses Ziel müssen wir nicht mit immer weniger Geld und Personal für immer weniger Kirchentreue die gewohnten Aktivitäten aufrechterhalten. Wir können Mut bekommen, zu lassen, was heute nicht mehr so wirksam ist, und werden frei für Neues.

Bernhard Ehler

Indifferenz – Warum nicht?!

Es sind zwei Worte, die für mich die »Indifferenz« – Ignatius nennt sie oft auch »Freiheit des Geistes« – auf den Punkt bringen. Eine Bildunterschrift unter einem Verkündigungsbild in der Kapelle des Schlosses der Loyola, in dem er aufwuchs. Der biblischen Szene, in der Maria die Botschaft des Engels empfängt (vgl. Lk 1,26–38), ist ein kommentierendes Wort beigegeben, das Marias Reaktion zusammenfasst: »Pour quoy non?« Aus diesem lapidaren »Warum nicht?« sprechen innere Freiheit und Kühnheit. Maria hält nicht um jeden Preis an ihrer ursprünglichen Lebensplanung fest, sondern ist frei, sich auf das ungewöhnliche Ansinnen Gottes einzulassen. Das erfordert eine gehörige Portion Mut, denkt man an den Skandal, in den sie gerät, an die Größe des »Auftraggebers« und die Rolle, die das Kind übernehmen soll. Maria stellt sich noch einmal in die indifferente Mitte, wägt Einwände – »Wie soll das geschehen?« – und verlässt diese Mitte, nachdem sie den Auftrag als das ihr Gemäße erkannt hat: »Mir geschehe nach deinem Wort.«

Warum nicht? Diese Frage begleitete den Beginn der Lebenswende des Ignatius. Fast möchte man meinen, sie machte allem Grübeln ein Ende, indem sie einen Sprung wagte. Für ihn war diese Geisteshaltung der Durchbruch, als er sich seines weiteren Weges gewiss zu werden versuchte. Auf dem Krankenlager stellte er sich neue Möglichkeiten jenseits seiner alten höfischen Ideale vor Augen. Tun, was die Heiligen taten – das malte er sich phantasievoll aus. Ein Normalchrist, der noch am Anfang eines intensiveren Glaubenslebens steht, will es mit den großen Heiligen aufnehmen. Wahrhaft ein tollkühner Gedanke. Es ist dieses »Warum nicht?«, das ihn handlungsfähig macht, nicht ein endloses »Warum?«. In den Taten der Heiligen erblickte Ignatius eine Möglichkeit seiner Freiheit, deren Realisierung er überlegt in Angriff nimmt. Vielleicht hatte der ehemalige Ritter die Erfahrung gemacht, dass es für den, der Gott dienen will, keinen alles sichernden Grund gibt, nicht das hieb- und stichfeste Argument, sondern nur ein offenes, auf Risiko hin gesprochenes »Warum nicht?!« Ignatius bleibt seiner Grundeinsicht treu – Gott dienen zu wollen –, modifiziert aber im Lauf seiner Geschichte immer wieder das Wie, passt sich den Umständen an, korrigiert seine Pläne durch trial and error; kurz gesagt: Er setzt sie der widerständigen Wirklichkeit aus, um sie auf Gott hin zu beziehen; er bleibt indifferent. Die knappe Bildunterschrift »Pour quoy non?« fasst also gut, was Ignatius als geistlicher Meister später mit der Indifferenz verbinden sollte: eine innere Bereitschaft, das zu vernehmen, was dem Willen Gottes entspricht, und nach der Erkenntnis des dem Einzelnen Zugedachten dies auch zu tun.

Dominik Terstriep SJ

In Freiheit alles auf Gott beziehen

Ich kann nicht von mir behaupten, dass ich wegen der ignatianischen Spiritualität in die Gemeinschaft der Maria-Ward-Schwestern eingetreten bin. Ich wollte ganz einfach Lehrerin werden, für junge Menschen da sein, weiterhin in der Gemeinschaft Christlichen Lebens (GCL) mitarbeiten, in und mit der Kirche leben. Als junge Frau ahnte ich etwas von der Berufung, die sich in meinem Inneren regte und von der ich zutiefst überzeugt war – auch wenn ich damals auf kritische Nachfragen aus meiner Umgebung zu meiner Lebensplanung nicht mehr sagen konnte als: »Ich kann es euch nicht weiter erklären, aber ich muss diesen Weg gehen.«

Seit 45 Jahren lebe ich nun in meiner Ordensgemeinschaft, der Congregatio Jesu. Voll Dankbarkeit und Staunen schaue ich zurück auf meinen Weg des Geworden-Seins, des immer tieferen Hineinwachsens in unsere ignatianisch geprägte Ordensspiritualität – von den Englischen Fräulein, dem Institutum B.M.V., über die Gemeinschaft der Maria Ward-Schwestern bis zur heutigen Congregatio Jesu. Ich vergleiche unsere Spiritualität gern mit einer lebendigen Quelle, die Mary Ward und ihren Gefährtinnen vor 400 Jahren von Gott geschenkt wurde, die aber im damaligen kirchlichen Umfeld nicht frei sprudeln und ihre Lebenskraft nicht vollständig entfalten durfte. Verborgen im Untergrund konnte sie sich jedoch ihre Lebendigkeit bewahren und schließlich durch das treue Durchhalten vieler Schwesterngenerationen neu zum Fließen kommen und fruchtbar werden.

Ein Wort aus Mary Wards Exerzitienerfahrung von 1615

ist mir für meinen Weg besonders wichtig geworden. Es umschreibt die innere Haltung, die sie und ihre Gefährtinnen für ihren apostolischen Dienst befähigen soll: *»Soweit ich es in Worte fassen kann, besteht das Glück dieses Standes in einer einzigartigen Freiheit von aller Anhänglichkeit an irdische Dinge, verbunden mit voller Bereitschaft und Tauglichkeit zu allen guten Werken. Dabei entdeckte ich auch die Freiheit, die darin besteht, dass eine solche Seele alles auf Gott bezieht.«*

Dieses stets neue Bemühen um Frei-Werden von allem, was den Menschen festhalten, kleben lässt an Dingen (vgl. engl. *»adhere to earthly things«)*, an persönlichen Vorlieben und äußeren Strukturen, versteht Mary Ward nicht als fromme Übung für den eigenen geistlichen Fortschritt. Es geht vielmehr um ein Lassen, das Herz und Hände freigibt *»zu allen guten Werken«*, d.h. zur Sendung für die Mitarbeit am Aufbau des Reiches Gottes. Wenn ich aus dieser Haltung heraus mein Leben zu gestalten suche – jeden Tag neu, auch in den unscheinbaren Begegnungen – und wenn ich um das Geschenk dieser inneren Freiheit bete, werde ich mehr und mehr lernen, *»alles auf Gott zu beziehen«*. Im Englischen heißt es: »to refer all to God« – alles zu Gott zurückbringen. Und so heißt meine Aufgabe: *»Freiwerden, um heimzubringen, um aus jedem irdischen Dickicht noch einen Weg zu Gott zu entdecken, in allen Lagen diese Verbindung suchen und finden, und zwar nicht allein für sich, sondern für alle, die im Bereich unseres Lebens stehen«* (M. Immolata Wetter CJ).

Indem ich mich grundsätzlich offen halte, werde ich bereitet für die Berührung durch Gott – und kann ich auch andere mit Gott in Berührung bringen.

Angela Fries CJ

»Nicht mehr verlangen …«

Vor jetzt 33 Jahren musste ich in einer kirchlichen Führungsposition eine wichtige Entscheidung zwischen zwei Alternativen treffen. Es gab Stimmen für die eine Lösung, aber mindestens genauso viele für die andere. Alles war mehrfach diskutiert und auch ausdiskutiert worden. Gegner und Befürworter standen sich grimmig gegenüber. Ich wusste, dass ich so oder so beschimpft werden würde. Das hätte ich auch ausgehalten. Nur: Ich wollte eine richtige Entscheidung treffen, eine, die eindeutig christlich sein würde. Gleichzeitig wusste ich aber, dass es so etwas nicht geben konnte. Ich erinnere mich, dass ich viele Nächte nicht gut geschlafen habe und viele Kilometer ziellos herumgelaufen bin. Je näher es auf die Entscheidung zuging, umso übler wurde mir, bis ich plötzlich an den Rat eines katholischen Studentenseelsorgers, eines Jesuiten, dachte, der mir bei einer anderen komplizierten Sachlage einmal gesagt hatte: »Wenn Sie mal nicht mehr weiterwissen, sollten Sie Exerzitien machen – sogar als evangelische Christin.«

Und das habe ich dann auch gemacht. Ich saß völlig ratlos einem geistlichen Begleiter aus dem Jesuitenorden gegenüber, der sich in aller Ruhe mein Problem anhörte. Ich versuchte ihm klarzumachen, was für die eine oder andere Entscheidung spräche, was die Folgen wären, und erwartete von ihm irgendeine Lösung. Aber dann hörte ich: »Besorgen Sie sich erst einmal das Exerzitienbuch von Ignatius von Loyola und lassen Sie einfach die Worte des so genannten Fundamentes auf sich wirken: *Auf diese Weise sollen wir von unserer Seite Ge-*

sundheit nicht mehr verlangen als Krankheit, Reichtum nicht mehr als Armut, Ehre nicht mehr als Schmach, langes Leben nicht mehr als kurzes .... Und erwählen, was zum Ziel hinführt, auf das hin wir geschaffen sind. Und dann gehen Sie spazieren und warten, was kommt.«

Ich bin lange gegangen und stand dann plötzlich im nahe gelegenen Park unter einer Esche, wie fest gewurzelt. Mit einem Mal war alles ganz klar. Natürlich musste ich eine Entscheidung treffen, aber ich musste mich nicht darauf versteifen, dass diese ganz und gar richtig wäre. Der eine oder der andere Weg würde Menschen wütend machen. Aber das muss man in einer Führungsposition so oder so aushalten können. Ich hatte alle Möglichkeiten geprüft. Jetzt wusste ich plötzlich, dass ich nicht mehr nach der reinen Wahrheit suchen, nicht mehr zwischen So oder So wählen oder mich der Stimme enthalten müsste. An keinem So würde meine Seligkeit hängen, die Entscheidung darüber würde Gott treffen.

Später habe ich oft an diesen meinen Anfang eines Exerzitienweges gedacht. Mehrmals haben sich noch für mich solche Situationen zwischen zwei Alternativen wiederholt. Das *Magis* ist mir eine wirkliche Lebenshilfe und ein immer neuer Schritt in christliche Freiheit geworden.

Eleonore von Rotenhan

Engagierte Gelassenheit

Ignatianische Spiritualität bedeutet für mich, fruchtbar mit Spannungen leben zu lernen. Ich bin Jesuit geworden, weil ich in der Nachfolge Jesu die Welt verändern, gerechter machen wollte. Gemessen an der Wirklichkeit und den eigenen Grenzen kann man mit einem solchen Anspruch eigentlich nur scheitern. Die Spannung zwischen diesem Anspruch und der Wirklichkeit fruchtbar werden zu lassen ist für mich ein zentraler Inhalt der ignatianischen Spiritualität. Dabei gefällt mit das Bild von der Geige: Nur auf gespannten Saiten lässt sich musizieren.

Ignatianische Spiritualität lebt für mich aus der Spannung zwischen eigener Anstrengung und rückhaltlosem Gottvertrauen. In einer dialektischen Formulierung von G. Hevenesi SJ im Geist von Ignatius wird dies folgendermaßen ausgedrückt: »Vertraue so auf Gott, als ob der Erfolg allein von Dir, nicht von Gott abhinge; so aber gib Dir alle Mühe, als ob Du selbst nichts, Gott allein alles vollbringen würde.« Ignatius hat hier Gottvertrauen und Einsatz eigener Fähigkeiten dialektisch ineinander verschränkt: Beim Einsatz meiner eigenen Fähigkeiten und Mittel soll ich mir immer bewusst bleiben, dass letztlich der Erfolg von Gott abhängt, und beim größten Gottvertrauen soll ich nicht vergessen, selber nach Kräften mitzuwirken. Pierre Teilhard de Chardin SJ hat die damit verbundene Grundhaltung treffend als »engagierte Gelassenheit« bezeichnet. Knapp könnte man diese Einstellung auch so umschreiben: Es kommt auf mich an, aber es hängt nicht von mir ab. Ich muss die Welt nicht retten. Doch Gott lädt mich ein, am Aufbau seines Reiches in der Welt mitzuarbeiten. Das gilt auch für die wechselseitige Bezogenheit von Glaube und Gerechtigkeit, mit der der Jesuitenorden seine Sendung in der Welt von heute beschrieben hat.

Diese Grundhaltung hilft, die eigenen Fähigkeiten wirklich zu entfalten und einzusetzen und dabei in einem inneren Gleichgewicht zu bleiben. Wer nur auf seine eigenen Fähigkeiten vertraut, wird verbissen, fanatisch. Nur auf Gott zu vertrauen, kann zur Bequemlichkeit und zur Ausflucht werden. Grundlegend dabei ist, dass die Spannung gehalten und nicht aufgelöst wird. Wenn das Gewicht sich auf eine Seite verlagert, dann ist es notwendig, die andere Seite zu betonen. In der Sprache des Ignatius heißt das »agere contra«, »handeln dagegen«.

Dem entspricht das Verhältnis von Gebet und Aktivität, wie es in der ignatianischen Formel des »contemplativus in actione« – kontemplativ in der Aktion – zum Ausdruck kommt. Was Ignatius von Loyola damit meinte, erläuterte einer der ersten Jesuiten so: »Er wollte nicht, dass die Mitglieder der Gesellschaft Gott nur im Gebet finden, sondern in allen Arbeiten, weil auch die Betätigung ein Gebet ist.« Das gilt nicht nur für Jesuiten, sondern für alle Menschen, die nach einem geistlichen Leben im Alltag suchen.

Martin Maier SJ

3. Umkehr zum Leben

Sich Christus, unseren Herrn, vorstellen,
vor einem und ans Kreuz geheftet;
ein Gespräch halten:
Wie er als Schöpfer gekommen ist,
Mensch zu werden,
und vom ewigen Leben zum zeitlichen Tod,
und so für meine Sünden zu sterben.
(Exerzitienbuch Nr. 53)

Sprechen so wie ein Freund zu einem anderen spricht
oder ein Diener zu seinem Herrn.
(Exerzitienbuch Nr. 54)

Allgemeine Erforschung:
Gott, unserem Herrn,
für die empfangenen Wohltaten danken.
Gnade erbitten,
um die Sünden zu erkennen
und sie abzuweisen.
Rechenschaft von der Seele fordern
von der Stunde an, in der man aufgestanden ist,
bis zur gegenwärtigen Erforschung.
(Exerzitienbuch Nr. 43)

Draufschauen

Jeden Tag werkle ich so drauflos, über Stunden und Jahre hinweg. Beim Machen gibt es Freude und Leid, Frust und Erfolg, Einsames und Gemeinsames, Spontanes und Durchgestyltes, Liebgewordenes und Sinnloses. Wie viele bin ich ein wenig hyperaktiv und immer wieder bedroht, mich vom Machen auffressen zu lassen.
Nach dem Machen halte ich jedoch inne und schaue drauf. Das ist für mich ignatianisch: Was war, soll vor meinem inneren Auge nochmals abrollen, wie ein zurückgespulter Film. Das geschieht im abendlichen Tagesrückblick, am Sonntag bei einem längeren Spaziergang, in einem vertrauten Gespräch mit einem Freund, bei einer langen Zugfahrt, in den Jahresexerzitien, im Urlaub. Im Draufschauen auf das Erlebte nehme ich wahr, was eigentlich war und welche Geister mich bewegten, ob ich etwas daraus zu lernen und wofür ich zu danken habe, wo Not ist und wo ich achtsamer sein sollte, wo Gott wirkt und wo er mir vielleicht ein Signal sendet. Die Muße dafür muss ich mir schaffen. Und zur Ruhe zu kommen muss ich ständig üben – ich tu's ja viel zu wenig. Spiritualität ist Achtsamkeit, und ignatianische Spiritualität ist Aufmerken auf alles Leben. Draufschauen meint nicht werten oder gar richten, sondern liebevoll annehmen. Indem ich schaue, nehme ich Leid wahr, schmerzhaft, aber auch Gutes und die Liebe, freudig. Was ich sehe, halte ich Gott hin, dankend und bittend, klagend und hoffend. Ich spüre, wer ich bin und was ich soll und dass Gott in allem da ist.

Stefan Kiechle SJ

Lebensziel und Innehalten

Dem heiligen Ignatius verdanke ich eine bedeutsame Hilfe, um mein Leben auf ein Ziel auszurichten. Die Hilfe bestand in dem Ratschlag, sich bei einer wichtigen Entscheidung zu fragen: »Was möchtest du auf jeden Fall getan oder aber besser nicht getan haben, damit du im Rückblick auf dein Leben nicht zu viel zu bereuen hast? Anders ausgedrückt: Wie möchtest du Gott, dem Herrn deines Lebens, unter die Augen treten, wenn du am Ende deiner Tage über dein Leben Rechenschaft geben wirst?« Diesen Ratschlag habe ich beherzigt, als ich auf das Abitur zuging und mir Gedanken darüber machte, was ich werden wollte. Zunächst wurde mir klar, dass ich die Jahre meines Lebens und die Kräfte, die ich habe, für eine wichtige Sache einsetzen sollte. Aber was war diese wichtige Sache? Nach einigen Tagen des Nachsinnens wurde mir klar, dass der christliche Glaube eine wichtige Sache ist. Er erschien mir wichtig nicht nur für mich, sondern auch für die Menschen. Mir wurde klar: »Ich soll einen persönlichen Beitrag dazu leisten, dass Jesus Christus auch in Zukunft für möglichst viele Menschen erreichbar wird.« Dann bedrängte mich die Frage, wie mein Beitrag konkret aussehen könnte. Mir rückte die Frage auf den Leib und auf die Seele: »Kann das bedeuten, dass du Priester werden sollst?« Diese Frage konnte ich nicht abschütteln. Als ich schließlich »ja« sagte, hatte ich Ruhe. Danach scheint mir der heilige Ignatius noch einen Schubs gegeben zu haben, einmal bei den Jesuiten anzufragen, ob sie mit mir etwas anfangen könnten.

Dem heiligen Ignatius verdanke ich aber auch die Hilfe, was ich tun müsste, um diesem Ziel treu zu bleiben. Die Hilfe bestand in dem Ratschlag, jeden Tag mittags und abends innezuhalten und mein Tagewerk mit den Augen Jesu Christi zu betrachten. Über das Gelungene sollte ich mich freuen und dafür danken; über das Misslungene sollte ich nachdenken, es bedauern und, wenn es an meiner Schwäche lag, es bereuen und mir vornehmen, mich zu bessern. Obwohl ich den Rat des heiligen Ignatius nicht immer konsequent beherzigt habe, ist mir bis heute bewusst geblieben, von welch zentraler Bedeutung er ist. Wenn ich heute zurückblicke auf die Phasen meines Lebens, in denen ich diesen betenden Blick auf den Tag nicht vollzogen habe, muss ich mir das als fahrlässiges Verhalten ankreiden. Die Fahrlässigkeit bestand darin, dass ich – bildlich gesprochen – meine Hände nicht fest am Lenkrad meines Wagens hatte oder vor dem Abbiegen nicht in den Rückspiegel schaute oder meinen Fuß nicht rechtzeitig vom Gaspedal nahm. Um im Bild zu bleiben: Ignatius ist für mich so etwas wie mein Fahrlehrer und Begleiter auf dem Weg zum ewigen Ziel, streckenkundig und zielfest.

Wendelin Köster SJ

Was und wie es tun – zielgemäß?

Als Ordensstudent musste ich, nach zwei geistlichen Noviziatsjahren, trockene Philosophie studieren und dabei auch noch Altgriechisch, eine »tote Sprache«, lernen. Weder das eine noch das andere bereitete mir Freude. Was hat das mit meiner Berufung, meinem Ziel, Seelsorger zu werden, zu tun? Für Ignatius ist bezeichnend, dass er von seinen Zielen her immer nach den Mitteln zu ihrer Erreichung fragt. Erst als ich meinen Blick weitete und das Davor im Noviziat und das Danach, die Perspektive auf zwei praktische Arbeitsjahre und das Theologiestudium, in den Blick nahm, wurde mir klar, dass ich mit meinem Bemühen im Studium durchwegs Gott lobte und ihm diente. Mit dem erworbenen Wissen legte ich ein Grundgerüst für ein systematisches Denken. Der rote Faden waren die unterschiedlichen, jedoch zusammenhängenden Ausbildungsabschnitte im Jesuitenorden. Auch wenn ich im Moment nur eine Aufgabe nach der anderen abarbeite: Hilft es mir nicht, ein Ziel zu erreichen? Sind es nicht kleine Bausteine, die am Ende vielleicht gar nicht sichtbar sind, aber doch nötig, damit das Gebäude sicher steht?

Für Ignatius besteht das Ziel des Menschen darin, »Gott zu loben, ihm Ehrfurcht zu erweisen und ihm zu dienen«. Wenn ich dieses Ziel für mein Leben übernehme, kann ich fragend zweifach hinblicken:

Erstens halte ich wie mit einer Sofortbildkamera einen Moment meines Alltags fest. Lobe ich mit dem, was ich gerade tue und wie ich es tue, Gott? Falls nicht, dann kann ich eine Änderung – der Mittel – vornehmen.

Dazu hilft mir auch die Frage: Bin ich eigentlich noch mit dem beschäftigt, was ich mir heute vorgenommen habe? Oder schweife ich ab und verzettele ich mich? Unzufriedenheit und Unruhe sind dann oft vorprogrammiert! Ein Neuanfang ist mir zu jeder Minute möglich.

Mit einem zweiten Blick nehme ich, mit längerer Belichtungsdauer, das Davor und das mögliche Danach meiner jetzigen Situation in den Blick. Ich schaue auf mein Leben in einem größeren Zusammenhang: Folgt dieses einem roten Faden, meinem gewählten Ziel?

Manchmal kann es schwerfallen, Vorgehensweisen zu ändern. Vor allem dann, wenn »ich es immer schon so gemacht habe«, wenn mir eine Außenansicht und Reflexion fehlt. Ich kann eine notwendige Änderung übersehen.

Andererseits besteht die Gefahr, dass ich die gewählten Mittel zu voreilig verwerfe, wenn ich das Ziel aus den Augen verloren habe. Dann heißt es: Wozu das alles? Wenn ich »ziel-los« vorangehe, bleibt somit auch mein Mittel-Einsatz diffus. Durch regelmäßiges Vergewissern, was eigentlich mein Ziel ist und welche Herangehensweisen dafür notwendig sind, kann ich mein Leben immer wieder neu ausrichten. Dieser Blick hilft!

Benjamin Furthner SJ

Das Gespräch der Barmherzigkeit

Meine Antwort auf die Frage nach der Bedeutsamkeit der Spiritualität von Ignatius für mich steckt in zwei schlichten Sätzen aus den »Geistlichen Übungen« des Ignatius von Loyola: »Enden mit einem Gespräch der Barmherzigkeit, indem ich mich ausspreche und Gott, unserem Herrn, danke, weil er mir bis jetzt das Leben geschenkt hat. Dabei sich künftighin mit seiner Gnade Besserung vornehmen« (EB 61). In diesen wenigen Worten ist für mich eine Grundspannung meines Lebens ausgedrückt. Die unglaubliche Wahrheit, dass Gott mich als Sünder, der ich bin, über alles liebt und mir aus Liebe das Leben schenkt, jeden Augenblick neu.

Der Bogen dieser Dynamik wird im ersten Teil der Exerzitien, auf das »Gespräch der Barmherzigkeit« hin, bis zum Zerreißen gespannt. Die eigene, nur allzu menschliche Sünde ist das Thema. Ich werde dahin geführt zu empfinden, wie sehr ich mich selbst andauernd von Gott abwende und entferne. Etwa durch die Gebetsanregung »Das erbitten, was ich will. Hier wird dies sein: um gesteigerten und intensiven Schmerz und Tränen über meine Sünden bitten« (EB 55). Der Schmerz, den ich empfinde, ist genauso groß wie heilsam. Er lässt sich vielleicht mit dem Schmerz vergleichen, den man spürt, wenn man von dem Menschen, dem man Leid zugefügt hat, ehrliche, unverdiente und umfassende Vergebung zugesagt bekommt.

Am Ende der Gebetsübung, die mit der Bitte um größeren Schmerz und Tränen über die eigene Sünde beginnt, steht das »Gespräch der Barmherzigkeit«. Ein

Paukenschlag, wie der Gewitterdonner am Ende eines drückend heißen Sommertages, der den erlösenden Regen der Gnade bringt. Ich danke Gott aus ganzem Herzen dafür, dass ich nicht darauf beharren muss, in meinen eigenen, menschlichen Möglichkeiten leben zu wollen, die immer zu eng sind, um mich nicht an meiner Umwelt und mir selber schuldig werden zu lassen. Ich darf mich Gott zuwenden, Vergebung erfahren und in der Liebe zu ihm wachsen. Meine Lebensaufgabe als Christ ist es, die maßlose Liebe Gottes zu mir anzunehmen und so selbst jemand zu werden, der liebt. Gottes Barmherzigkeit schenkt mir trotz meiner Sünde immer neu das Leben und so die Beziehung zu Ihm. So birgt jeder Moment die Möglichkeit, zu einer Erfahrung der Barmherzigkeit Gottes zu werden und die ganze Schöpfung wird zugleich zum Zeugen und Ort seiner liebenden Nähe. Ich bin immer in Gottes Gegenwart. Alles kann mich auf Gott hinweisen, kann Liebe ermöglichen und zum Gegenstand des Dienstes werden.

Gunnar Bauer SJ

4. Auf dem Weg der Nachfolge

Innere Erkenntnis des Herrn erbitten,
der für mich Mensch geworden ist,
damit ich mehr ihn liebe und ihm nachfolge.
(Exerzitienbuch Nr. 104)

Die Freundschaft mit Armen
macht zu Freunden des ewigen Königs.
(aus einem Brief an Mitbrüder von Padua)

Erbitten von Gott unserem Herrn,
Er wolle meinen Willen bewegen
und mir das in die Seele legen, was ich tun soll
(Exerzitienbuch Nr. 180)

Tröstung nenne ich
alle Zunahme an Hoffnung, Glaube und Liebe
und alle innere Freudigkeit,
die zu den himmlischen Dingen ruft und hinzieht.
(Exerzitienbuch Nr. 316)

Gottes Menschwerdung

Im Exerzitienbuch fordert der hl. Ignatius auf, in einer Gebetszeit zu betrachten, wie es zur Menschwerdung Jesu Christi kam. In der Phantasie stelle man sich die drei göttlichen Personen vor, wie sie im Himmel thronen und auf die Erde herabschauen. Vieles kommt ihnen in den Blick: jeder einzelne Mensch – Du und ich, wie sich Menschen freuen, Babys geboren werden, Menschen sich umeinander sorgen und einander lieben. Auf der Erde spielt sich allerdings noch anderes ab: Menschen sind krank und einsam, sie verletzen und töten einander mit Waffen und mit Worten, Menschen leiden an Hunger und Durst, Menschen lässt die Not anderer kalt und Egoismus setzt sich durch. Der Betende ist eingeladen, diesen Blick Gottes einzunehmen, sich dies vor Augen zu halten und schließlich die Reaktion der drei göttlichen Personen zu erwägen – nämlich wie sie Mitleid haben und die Menschheit erlösen wollen. Gott hätte die Menschheit ebenso gut verdammen können, aber er hat Mitleid mit ihr. Aufgrund des Mitleids und der unermesslichen Liebe Gottes zu den Menschen wird die zweite göttliche Person, der Sohn, auf die Erde gesandt, um der Welt in seiner Person Gott und dessen Liebe zu offenbaren. Jesus zieht umher. Er predigt, heilt Menschen, nimmt Ausgegrenzte an – er schenkt das Heil. Dazu ist Gott Mensch geworden. Diese Menschwerdung ist nicht als rein historisch abzuhaken. Auch heute möchte Gott unter uns Mensch werden. Gottes Wunsch für uns besteht darin, dass wir Gott ähnlich werden, wir uns wie Jesus auf Gott ausrichten, wir das Gute lieben und tun. Selbstverständlich bleibt stets

ein Unterschied zwischen Christus und uns Menschen. Lediglich Gott kennt alle Zusammenhänge – inwiefern aggressives Verhalten durch die Erfahrungen der Kindheit hervorgerufen wird, wie es dazu kam, dass jemand Drogen nimmt ... Wir können dies meist nicht wissen, denn wir sind Menschen und nicht Gott. Das Verhalten Einzelner wirkt für uns teilweise schlicht sonderbar oder auch erschreckend.
Was bedeutet dies für unser Leben, für mein Leben? Die Einheit zwischen Gott und den Menschen ist das höchste Ideal glücklichen Lebens. Um dies zu erreichen, bietet uns Gott in Jesus Christus eine Möglichkeit an. Erstens, indem wir uns für unser Handeln und unsere Arbeit fragen: Was würde Christus an meiner Stelle tun? Wie würde er in meiner Situation und mit meinen Fähigkeiten handeln? Und zweitens, indem wir aus der Perspektive Gottes auf die Welt schauen und uns Christus als Vorbild dient: Indem wir Menschen annehmen, wie Christus sie annimmt. Indem wir Menschen dienen, wie Christus ihnen dient. Indem wir Menschen lieben, wie Christus sie liebt. So werden wir von Gott erfüllt und Gott kommt auch heute in unsere Welt – an jedem Tag, zu jeder Stunde und zu jeder Sekunde.

Christian Braunigger SJ

»Dass die Macht des Bösen nicht überhandnimmt ...«

Es gibt wohl gefälligere Beiträge zum Thema ignatianische Spiritualität. Aber ob wir Ignatius – und uns – einen Gefallen damit tun würden, nur »Tröstliches« zur Sprache zu bringen?! Ich möchte einige Erfahrungen und Gedanken ausdrücken, die mich bei einer Predigt in St. Klara in Nürnberg im Jahr 2008 zum Fest der Erzengel Michael, Gabriel, Raffael bewegt haben. Das Tagesgebet der Liturgie hatte es mir damals angetan:

»Gott, du ordnest alles mit Macht und Weisheit: Engeln und Menschen teilst du ihre Dienste zu. Gib, dass die Macht des Bösen nicht überhandnimmt, sondern sende deine heiligen Engel, die im Himmel vor dir stehen, in diese Welt, damit sie uns vor allem Unheil schützen.«

Diese Bitte um den Beistand der heiligen Engel habe ich immer intensiver und ganz persönlich neu verstanden, weil in unserem Land Simbabwe die Macht des Bösen wirklich überhandgenommen hatte. Dabei meine ich mit der Macht des Bösen nicht das Böse als abstrakte Kraft, sondern den Bösen als personalen Geist, der von Menschen Besitz ergriffen hat, die der Versuchung zu Macht, Reichtum und Arroganz – durchaus im Sinne der Versuchung Jesu in der Wüste – verfallen und erlegen sind. Und dies sind nicht nur Menschen, die wir, einmal grob gesagt, als Heiden bezeichnen würden, sondern Christen, getaufte Katholiken.

Wir Bischöfe von Simbabwe haben dieses Phänomen

in unserem Hirtenbrief zum Gründonnerstag 2007 – »Gott hört den Schrei der Unterdrückten« – ausdrücklich angesprochen: Dass viele unserer Christen sonntags nebeneinander knien und sitzen, miteinander beten und singen, Fürbitten um Frieden und Gerechtigkeit gemeinsam vortragen und den gleichen Leib Christi empfangen, um am folgenden Tag zu foltern und zu töten.

Ich denke an ein Treffen am 6. Dezember 2007 mit dem Innenminister und seiner 20-köpfigen Delegation von stahlharten katholischen Parteigenossen, die sich offen gegen uns acht Bischöfe auflehnten. Eine Stunde lang verlas der Minister ein vehementes Protestschreiben, das, wie ich später erfuhr, ein Priester unserer Nachbardiözese im Auftrag der Delegation verfasst hatte. Während der Minister sprach, musste ich ständig an einen Text aus der Betrachtung über die zwei Banner denken (Exerzitienbuch Nr. 140–142), dessen Bilder und Sprache mir bis dahin an die Zeit des hl. Ignatius gebunden schienen, die aber in diesem Augenblick die Situation plötzlich ganz aktuell und zeitgemäß sprachlich zum Ausdruck brachten:

Der erste Punkt ist: Sich vorstellen, wie wenn der Anführer aller Feinde sich in jenem großen Feldlager von Babylon niederließe, wie auf einem großen Thron aus Feuer und Rauch, in furchtbarer und schrecklicher Gestalt.

Der zweite: Erwägen, wie er seinen Ruf an unzählige Dämonen ergehen lässt und wie er sie ausstreut, die einen in diese Stadt und die anderen in eine andere und so über die ganze Welt hin, ohne Provinzen, Orte, Stände noch irgendwelche Personen im Einzelnen auszulassen.

Der dritte: Die Rede, die er ihnen hält, erwägen, und wie er sie auffordert, Netze und Ketten auszuwerfen: dass sie zuerst mit der Begierde nach Reichtümern in Versuchung führen sollen, wie dies in den meisten Fällen zu geschehen pflegt, damit man leichter zu eitler Ehre der Welt gelange und danach zu gesteigertem Hochmut. So besteht also die erste Stufe in Reichtümern, die zweite in Ehre, die dritte in Hochmut. Und von diesen drei Stufen aus führt er zu allen anderen Lastern hin.«

Was sich in den folgenden Monaten in Simbabwe ereignete, übertraf noch bei weitem die in unserem Hirtenbrief erhobenen Anklagen und Befürchtungen. Zehntausende von Menschen wurden brutal geschlagen, Tausende gefoltert, Hunderte ermordet, weil sie der Oppositionspartei angehörten oder weil jemand sie fälschlich angezeigt hatte, Mitglied der Opposition zu sein. Der 62-jährige Vater einer meiner Seminaristen wurde vor den Augen seiner Frau und Kinder von einer Horde Milizen mit Holzplanken zu Tode geprügelt. Junge Priester unserer Diözese erhielten Briefe und Anrufe, man würde mit ihnen ähnlich verfahren, wenn sie nicht aufhörten, im Sinne unseres Hirtenbriefes zu predigen. Dabei kamen die meisten Drohungen von unseren eigenen Gläubigen, die wir sonntags im Gottesdienst sehen und denen wir den Leib Christi reichen.
In den 45 Jahren, die ich als Missionar in Rhodesien und später in Simbabwe gearbeitet habe, bin ich dem Bösen nie so direkt begegnet wie in diesen Monaten. Daher konnte und kann ich die Bitte des Tagesgebetes wirklich aus ganzem Herzen sprechen: »Gib, dass die Macht des Bösen nicht überhandnimmt, sondern sen-

de deine heiligen Engel, die im Himmel vor dir stehen, in diese Welt, damit sie uns vor Unheil schützen« – Amen.

Dieter Scholz SJ

Die ignatianische Gegenlogik zur Welt

In meiner Arbeit im Flüchtlingsdienst der Jesuiten (JRS) stehen mir häufig die Dramen von Flucht und Vertreibung vor Augen: In Kolumbien werden Kleinbauern von Paramilitärs und der Guerilla von ihrem Land vertrieben, damit Coca oder Biodiesel auf Palmölplantagen angebaut werden kann. Im Ostkongo wird von den Rebellengruppen das wertvolle Mineral Coltan für elektronische Produkte der Telekommunikation ausgebeutet. Die Besatzung des Irak im Jahr 2003 hatte viel mit dem Zugriff auf Öl zu tun. Rohstoffe, Kriege, Waffengeschäft, Zerstörung von Schöpfung bilden eine unselige Koalition des Todes. Im Norden von Sri Lanka wird das geschlagene Volk der Tamil vom Militär als ethnische und kulturelle Minderheit unterdrückt.

Ich frage mich oft: Was sind die menschlichen, geistlichen Wurzeln von Flucht und Vertreibung, von Ungerechtigkeit und Konflikten? Es sind sowohl strukturelle wie individuelle Sünden: die Gier nach Reichtum, nach Ruhm und Macht. Es ist die Logik der Welt, die Logik des Kapitalismus. Von dieser Sündendynamik bleiben auch Christen und die Kirche nicht bewahrt. Ignatius bekam dafür seinen täglichen Anschauungsunterricht – von überall in der Welt und vor Ort in Rom.

Die Betrachtung der zwei Banner im Exerzitienbuch stellt drei Stufen vor Augen, die immer mehr in die Fänge des Bösen führen: Die erste Stufe ist die Gier nach Reichtum, die zweite Ehre und die dritte Hochmut (EB 142). – Das »wahre Leben« (EB 139) kennt drei gegenläufige Stufen: die erste, Armut gegen Reichtum; die zweite, Schmähung und Verachtung gegen die weltliche Ehre; die dritte, Demut gegen Hochmut (vgl. EB 147). Die »Logik des Logos«, d.h. der fleischgewordenen Menschenliebe Gottes, läuft anders als die Mechanik eines Egozentrismus Einzelner oder ganzer Gruppen.

Jesus selbst hat die Logik der Liebe und des Lebens gewählt. In seinem 40-tägigen Fasten in der Wüste hat er die Versuchungen »dieser Welt« erlebt und bestanden. Statt »steinreich« zu sein und als *der* Wohltäter gefeiert zu werden, entschied er sich, den Menschen das Wort Gottes zu bringen: Der Mensch lebt nicht vom Brot allein. Statt mit dem Ruhm eines Stars, der von den Zinnen des Tempels schwebt, aufzutreten, hat er die Demut, die Einfachheit, die Ebene des Volkes gewählt. Er hat sich nicht der Macht über alle Reiche der Welt bemächtigt und den Preis bezahlt, dass er diese Macht anbetet. Er hat »mit Vollmacht« gepredigt und doch die Ohnmacht am Kreuz erlebt. Er wollte mit seiner Geisteskraft nicht unterdrücken, sondern befreien. Er wollte nicht beherrschen, sondern dienen. Das ist die Gegenlogik Jesu, die Logik der Erlösung, die »Logik des Logos«, der Fleisch wird. Ich denke oft: Dies ist auch die Logik, die wir uns als Jesuiten-Flüchtlingsdienst bewahren müssen: Da sein mit und für andere; in Ohnmacht die Geduld und Hoffnung bewahren; Trost sein und Hoffnung geben; Menschen würdigen; dankbar sein, dass wir zum Möglichen mithelfen dürfen, und uns dabei von andern beschenken lassen.

Peter Balleis SJ

Pilgerwege – Trotzdem

Es war ein regnerischer Abend, als wir den Priester ansprachen, der gerade durch das Tor nach Hause kam. Er war der Leiter eines großen diözesanen Bildungshauses, frisch renoviert, drumherum viel Gegend und kaum andere Häuser. Ob wir bei ihm übernachten dürften? Als Pilger waren wir unterwegs, zu zweit und ohne Geld, auf dem Jakobsweg nach Taizé. Wir wussten nicht, wo wir abends bleiben konnten, nichts war reserviert oder abgesprochen. Oft habe ich einfach nur gestaunt, welche zufälligen Ereignisse uns geholfen, zu guten Begegnungen und beeindruckenden Gesprächen geführt haben. Jeden Tag neu konnten wir die Freiheit der Kinder Gottes spüren – im Blick auf ein Ziel, im Hören auf Gott und mit der Entscheidung für den jeweils notwendigen nächsten Schritt. In diesen Wochen gab es so viele Menschen, die uns freundlich aufnahmen und oft besser als wir selbst wussten, was wir brauchten. Manche taten es aus religiösen Motiven oder aus christlicher Überzeugung; manche nahmen uns auf, einfach weil wir darauf angewiesen waren.

Ich hatte von Anfang an meine Vorbehalte gehabt gegen diese Art von »Experiment« während des Noviziates. Was sollte das alles? Wäre das nicht nur vorgespielte Armut? Sollte ich nicht viel lieber etwas Sinnvolles tun? Der Novizenmeister schickte mich trotzdem. Und genau meine Fragen stellte mir an jenem Abend der französische Priester: Habt ihr denn kein Geld? Warum arbeitet ihr nicht? Meint ihr, es sei besonders christlich, auf Kosten anderer Leute zu leben? – Nein, eigenes Geld hatte ich nicht, meine Arbeit hatte ich vor dem

Eintritt ins Noviziat aufgegeben, und christlich fand ich das alles auch nicht. Aber es war jetzt so. Und obwohl ich selbst nur mäßig gut fand, was ich tat, brauchte ich trotzdem seine Hilfe. Nach zwei Wochen waren wir schon reichlich müde und hungrig und außerdem ziemlich nass. In dem Moment wurde für mich spürbar und erfahrbar, was die Barmherzigkeit bedeutet, die ich mir so wünschte: etwas trotzdem für jemanden zu tun, obwohl ich nicht gut finde, was er macht. Und selbst wenn meine Geduld am Ende ist, trotzdem Geduld zu haben. Oder trotzdem etwas zu geben, obwohl ich nicht akzeptiere, was er denkt – einfach, weil er meine Hilfe braucht.
Und wenn Gott barmherzig wäre ...?
Ich habe während des Pilgerns verstanden, dass die Einschätzungen und Reaktionen der Menschen aus ihrer Perspektive und im Ganzen gesehen vollkommen richtig sein können, dass es aber trotzdem den Blick auf den Einzelnen und seine Bedürfnisse braucht, egal ob ich mit seinem Tun einverstanden bin oder nicht. Ich selbst habe den Herrn täglich darum gebeten, dass er uns barmherzige Menschen schenkt, die Möglichkeiten sehen und Ausnahmen zulassen können.

Christian Modemann SJ

Die Gnade des Bettelns

Vertrauen und Sehnsucht

Auf seinem Pilgerweg nach Jerusalem wehrte sich Ignatius von Loyola entschieden gegen jede materielle Absicherung. Gottes Gnade allein sollte auf den Straßen und Seereisen genügen. Das betende Vertrauen in die Führung Gottes ist das Fundament für das weitere Geschehen. Ein Geschenk ist es, unsere Bedürftigkeit sehen und zeigen zu können. Ähnlich wie bei Bartimäus fragt uns Jesus: »Was soll ich dir tun?« (Mk 10,51) Wir werden aufgefordert, Ihm unsere größte Sehnsucht zu sagen. Wir dürfen aus dem Vielerlei von Wünschen und den Sowohl-als-auch-Gedankenspielen heraustreten. Dann können wir uns über den Schatz Gottes in uns freuen, ihn wertschätzen, alles Zweitrangige verkaufen, um uns ihm noch mehr zu nähern, und können die Wertschätzung Gottes in uns und anderen Menschen ausgraben (Mt 13,44). Auf dieses Abenteuer sollen wir uns gleich allen anderen Menschen mit leeren Händen einlassen. Dazu fordert uns Jesus mit seinem Leben heraus.

Abenteuer – angstfrei

Das Abenteuer Gottes unter uns ist seine Menschwerdung, zu der er auch uns einlädt. Sich auf die Verwandtschaft mit Ihm einzulassen ist ein herausfordernder, unplanbarer Prozess, in dem das eigene Nichtwissen und alle damit verbundenen Ängste nochmals aufkochen. Doch die Berührungsängste gegenüber ausgegrenzten Menschen in unserer Gesellschaft schwinden und wir können eine innere Freiheit spüren. Ignatius berichtet von diesen bestätigenden Erlebnissen. Wir dürfen ein Sprechen Gottes in uns wahrnehmen. Dieses sanfte innere Berühren Gottes bleibt anfangs vielleicht unbemerkt. Doch wenn wir uns darauf – möglichst sofort – wie Samuel (1 Sam 3,4ff) einlassen, dann können wir Gottes Einladung hören. Jesus fordert uns vielleicht auf, zu Ihm übers Wasser zu kommen (Mt 14,29). Wie bei Petrus bricht die Einheit mit Ihm dann auch mal bei uns plötzlich ab. Unser ganzer Mut ist gefordert, das Handeln Gottes zu uns präsent zu halten und neu ins Vertrauen zu Ihm zu kommen.

Neues Wahrnehmen

Erfahrungen und theoretische Überlegungen machen oft blind für das Jetzt, in dem uns Gott neu begleitende Geschwister schickt. Wenn wir darin seine Liebe wahrnehmen, kann das Abenteuer des Entdeckens weitergehen. Wir finden Gemeinschaft, die sich auf das Heilige in uns allen beruft, und finden mitten in unserer Bedürftigkeit – bettelnd – in die Freude des Schauens Gottes. Er nutzt immer neue Orte, an denen wir liebgewordene Vorstellungen fallen lassen können, um Ihm neu zu begegnen. Unsere Offenheit ist herausgefordert. Wir spüren seine Barmherzigkeit in uns und können im Handeln aus seiner Liebe sonst sinnvolle gerechte Grundsätze beiseitelegen und die Menschwerdung Gottes in uns allen zulassen.

Christian Herwartz SJ

»Wenige Menschen ahnen …«

Ignatius hat sich seit seiner Bekehrung ein Leben lang immer neu von Gott führen lassen. Als seine Idee, im Heiligen Land fromm in der Christusnachfolge zu leben und die Muslime zu bekehren, zerbricht, ist er zurück in Italien und fragt sich: »Was will nun Gott von mir?« Er wird zu Studien, zum Ordensgründer und Erneuerer der Kirche hingeführt, wie er es sich bei seiner Bekehrung nie hatte vorstellen können. Das stets neue Fragen nach dem Willen Gottes in einer neuen Lebenssituation, diese Offenheit, sich immer neu auf Gott einzulassen, fasziniert mich seit je. Mich mit Großmut, ohne Angst und im Vertrauen je neu Gottes Führung zu übereignen, bringt eine Dynamik ins Leben, die seine Gestaltung in ruhiger Gelassenheit durchdringt. Das Fragen nach Gottes Willen ist bei Ignatius nicht ein passives, naives Warten auf ein Zeichen, wie es der Kinderglaube kennt. Er leitet zur aktiven Entscheidung an, die ich aus der Unterscheidung der Geister gewinne. »Der Mensch wird des Weges geführt, den er wählt«, heißt es auch im Talmud und trifft wohl genau den ignatianischen Geist. Ignatius lehrt mich, Gott als einen realen Partner in die Lebensführung einzubeziehen. Gott erfahre ich dabei konkret, wie er durch die Lebensumstände und Mitmenschen spricht, auf die ich dialogisch antworte. Zugleich kommt mir dabei Gott auch überraschend und unvorhersehbar entgegen, wie auch Mitmenschen, die geheimnisvoll offen und nicht berechenbar sind. Das Nichtwissen, wohin der Weg führt, dabei aber zu wissen, dass Gott mich über mich selbst hinaus begleitet,

hat für mich etwas Beglückendes. Es hält mich innerlich wach und beweglich.
»Wenige Menschen ahnen, was Gott aus ihnen machen würde, wenn sie sich nur ganz seiner Führung anvertrauten.« Diese Aussage im Geist von Ignatius hat auch einen traurigen Unterton. Wie viele Mitmenschen geben sich zufrieden, wenn ihre Bedürfnisse einigermaßen gestillt sind und sie eine gesellschaftliche oder kirchliche Stellung erreicht haben! Oft habe ich den Eindruck, dass wir auch als Christen im bürgerlich-angepassten Setting steckenbleiben. Ich sehne mich nicht nach Helden, doch nach Menschen, die mit Ignatius begreifen, dass unsere Menschwerdung mit Christus eine stets neu zu verwirklichende Aufgabe und unsere Nachfolge immer neu im Wachsen ist. So viel Potential liegt im Menschen brach, und die Welt könnte viel erlöster sein, würden wir uns täglich nach dem letzten Ziel ausrichten, auf das hin wir geschaffen sind. Immer das Reich Gottes vor Augen. Wenn wir mit Ignatius im Berghorizont des Adlers und nicht im Gehege des Hühnerhofs leben, hat es eine Auswirkung auf jedes Tun, das dann den Glanz der aufgehenden Sonne an sich trägt und nicht nur die Strahlung einer Wärmelampe.

Christian M. Rutishauser SJ

Unterscheidung der Geister

Als einen der profiliertesten Berufungsbegleiter habe ich P. Georg Mühlenbrock SJ (1915–1996) erlebt. Unter anderem besaß er die Fähigkeit, Grundeinsichten ignatianischer Spiritualität in eine »geistliche Alltagstauglichkeit« zu überführen. So hat er uns z. B., wenn es um die Unterscheidung der Geister ging, öfter – mit verschmitztem Lächeln – den Rat gegeben: »Tu in deinem Leben immer etwas, wovor du ein bisschen Angst hast.«
Gemeint war damit ein Dreifaches.

Es kommt auf die richtige Dosierung an:
Zu viel Angst kann lähmen, aber ein bisschen Angst bewahrt vor falscher Selbstsicherheit und macht im Wissen um die eigenen Grenzen demütig und zugleich fähig, Hilfen anzunehmen. »Du hast mir Raum geschaffen, als mir Angst war« (Ps 4,2) – dieses Schriftwort drückt aus, wie die Offenheit für Gott neue Freiräume im Umgang mit den Menschen schafft. Angst wird dabei nicht einfach verdrängt, sondern überwunden.

Es kommt auf die richtige Erkenntnis an:
Die Überwindung der Angst gelingt nicht als Eigenreflexion oder gar als Selbstvertröstung – die Erfahrung muss von einem »Du« kommen. Angst kann nur durch geschenktes Zu-trauen abgebaut werden – letztlich durch den Vertrauensvorschuss Gottes, der uns in seinen Zu-mutungen Mut zuspricht, seine Wege mitzugehen: »Er führt mich hinaus ins Weite« (Ps 18,6). Richtiger Umgang mit der Angst bewirkt keine Entfremdung, sondern bringt mir Gott und den Menschen näher.

Es kommt auf den richtigen Zeitpunkt an:
Ängste können blockieren, aber auch zu überlegten Entscheidungen motivieren: Das »Tu etwas« ist wichtig. Es gibt eine Zeit des Abwägens und eine Zeit des Handelns. Jede Entscheidung, die sich über lange Zeit im Innern vorbereitet und heranreift, hat unwiederholbare Zeitpunkte für ihre Verwirklichung. »Mein Herz ist bereit, o Gott« (Ps 57,1) – diese Haltung ist dabei grundlegend. Daraus kann dann ein Gespür für den »Kairos«, den richtigen Zeitpunkt, erwachsen.
Unser Leben wird immer von Fragen und Unsicherheiten begleitet sein. Die »Unterscheidung der Geister« zeigt, dass wir unser Verhalten nur verändern können, wenn wir uns immer neu von Gott verwandeln lassen – nur wer seinem Wirken Raum gibt, macht auch die Erfahrung der »begnadeten Angst«.

Karl Hillenbrand

Die Unterscheidung der Geister

Gerne erinnere ich mich an die ignatianischen Exerzitien, die ich bei Sr. Roswitha Bach oder bei P. Vitus Seibel gemacht habe. Die Klarheit des ignatianischen Weges tut auch einem Benediktinermönch gut. Seit jeher hat mich dabei die »Unterscheidung der Geister« interessiert, auf die Ignatius in den Exerzitien immer wieder zu sprechen kommt. Ich habe die Schriften der alten Mönche studiert und darin die »diakrisis« als die wichtigste Gabe des geistlichen Begleiters gesehen. Geistlich begleiten kann nur der, der diese Gabe des Heiligen Geistes empfangen hat.

Die Mönche unterscheiden dreierlei Gedanken: Gedanken, die von Gott kommen, die von den Dämonen kommen und die aus mir selbst kommen. Woher die Gedanken kommen, das erkenne ich an der Wirkung. Die Gedanken, die von Gott kommen, erzeugen Frieden, Freiheit, Lebendigkeit und Liebe. Gedanken, die von den Dämonen kommen, erzeugen Unruhe, Angst und Enge. Und Gedanken, die aus mir selbst kommen, führen in die Oberflächlichkeit, Zerstreuung und Unverbindlichkeit.

Für mich ist die Unterscheidung der Geister nicht nur in der geistlichen Begleitung anderer wichtig geworden, sondern vor allem im Umgang mit meinen eigenen Gedanken und Gefühlen. Wenn ich z.B. in einem Konflikt mit Mitbrüdern oder Mitarbeitern nicht weiß, wie ich mich verhalten soll, dann lasse ich einfach die verschiedenen Möglichkeiten vor meinem inneren Auge ablaufen. Und ich schaue jeweils auf die Gefühle, die sie in mir hervorrufen. Dabei achte ich nicht

nur auf die Gefühle, sondern auch auf meinen Leib. Verkrampfe ich mich bei dieser oder jener Möglichkeit oder fühle ich mich im Einklang mit meinem Leib?
Das Ziel der geistlichen Begleitung und der Gabe der Unterscheidung der Geister ist im frühen Mönchtum die Kontemplation: das Einswerden mit Gott im Gebet. So ist für mich die Unterscheidung der Geister gerade auch beim Gebet wichtig. Wenn ich mich allein vor Gott hinsetze, spüre ich in mich hinein: Herrscht Gott in mir oder sind es meine Bedürfnisse und Wünsche, meine Emotionen als Reaktion auf die Probleme des Alltags, die mein Denken und Fühlen bestimmen? Indem ich in mich hineinhorche, spüre ich, worum es eigentlich geht. Und oft genug muss ich feststellen, dass ich zwar vor Gott sitze, dass Gott aber nicht im Mittelpunkt steht, sondern meine Bedürfnisse und Probleme. Wenn ich das erkenne, dann versuche ich, Gott in mir Raum zu geben, mich mit allen Gedanken und Gefühlen Gott hinzuhalten, damit sein Geist alles Chaotische und Egozentrische in mir durchdringt und damit wirklich Gott in mir herrscht. Wenn Gott in mir herrscht, fühle ich mich frei und weit und erfüllt von Liebe und Frieden.

Anselm Grün OSB

»Dass er mir seinen Geist gebe ...«

Seit ich ein Kind war, habe ich in meinem Gebet mal Gott, mal Jesus, mal die Muttergottes angesprochen – je nach Situation und Bedürfnis. Das hat sich im Prinzip nicht geändert, seit ich ein Mann bin. Es ist mir aber doch irgendwann aufgefallen, dass dies eine etwas eigentümliche »Dreifaltigkeit« ist: Vater, Sohn – und Mutter! Zu meiner Entschuldigung konnte ich nur vorbringen, dass Ignatius von Loyola in seinem Exerzitienbuch zwar selbstverständlich keine »Dreieinigkeit« von Vater, Sohn und Maria lehrt, wohl aber eine Gebetsleiter von Maria über Jesus zu Gott Vater hin kennt (EB 63), ganz im Sinne meiner drei wechselnden Gebetsadressaten. Und doch: Das Fehlen des Heiligen Geistes in meinem Gebetsleben war ein offensichtlicher Mangel. Und so habe ich es auch empfunden. Es war ja unübersehbar, dass die Kirche in ihrer Lehre und Liturgie mit der heiligen Dreieinigkeit eine für den Christen hochrelevante Wirklichkeit meinte, die aber in meiner Gebetswirklichkeit nicht eingeholt war. Mein Beten »erfasste« nur Zweidrittel der Trinität, und der Heilige Geist hatte keine Relevanz.

Dass Gott sich dem Menschen mitgeteilt hat, wusste ich seit dem Kindergarten. Ich war schon mit acht Jahren ein begeisterter Bibelleser, der wusste, dass der Heilige Geist »gesprochen hat durch die Propheten«, so das Credo. Aber das war ja lange her. Völlig neu war mir die geistliche Lehre des heiligen Ignatius, dass Gott durch seinen Heiligen Geist unentwegt in allen Dingen wirkt und schafft und ich in allem, was mir geschieht, eine Mitteilung Gottes zugesandt bekomme,

die ich aber wie einen Brief im Umschlag erst aufmachen und lesen muss, wenn die Mitteilung ankommen soll. Dass ich immer und zu jeder Zeit auch heute noch »allen Dingen« die Stimme des Heiligen Geistes ablauschen und Gottes hier und heute für mich gemeinte Willensmitteilung in sehr konkreten Angelegenheiten erfragen und entziffern könne, war mir lange fremd.
Die Leseanweisungen des hl. Ignatius, woran man das Wirken des guten Geistes und das des bösen identifizieren könne, habe ich lange nicht verstanden. Erst die Autorität des Apostels Paulus erschloss mir, was Ignatius sagen will: »Die Frucht des Geistes aber ist Liebe, Freude, Friede, Langmut, Freundlichkeit, Güte, Treue, Sanftmut und Selbstbeherrschung« (Gal 5,22–23). An solchen Wirkungen, die Ignatius »Trost« nennt, kann ich erkennen und ablesen, wo der Heilige Geist tätig ist, auch heute noch. Seit ich das verstanden und ausprobiert habe, ist die tägliche Übung, dem Heiligen Geist im Alltäglichen nachzulauschen, mir sehr wertvoll geworden. Die Spiritualität des hl. Ignatius hat mir den Zugang zum Heiligen Geist erschlossen, nicht den theoretischen oder intellektuellen, sondern den praktischen und spirituellen.

Dieter Böhler SJ

Ganz auf Dich hin ausgerichtet – ganz in Deinem Blick

Ignatius von Loyola schlägt in seinem Exerzitienbuch am Beginn einer jeden ausdrücklichen Gebetszeit eine Bitte vor, die alles in die rechte Beziehung zum eigentlichen Grund und Ziel des Lebens bringen soll. »Gott, unseren Herrn, um Gnade bitten, damit alle meine Absichten, Handlungen und Betätigungen rein auf Dienst und Lobpreis seiner göttlichen Majestät hingeordnet seien.« Man erinnert sich sofort an den Wahlspruch des Heiligen und des Jesuitenordens: »Alles zur größeren Ehre Gottes!« Diese Bitte um die Ausrichtung des ganzen Lebens auf Gott ist das wichtigste und häufigste Gebet der Exerzitien (EB 46). Immer wieder nimmt Ignatius darauf Bezug.

Seit über dreißig Jahren bete ich täglich am Morgen dieses Gebet. Gewöhnlich »kommt es« mehrmals zwischendurch in meinem Alltag. Es ist mir sehr ans Herz gewachsen. Ich habe es umformuliert: »Herr, ich möchte ganz da sein vor Dir mit meinem Leib, mit meinem Geist und mit der Kraft und Liebe meines Herzens«, so beginne ich. Es ist der Anfang eines Dialogs, erinnert mich an die Freundschaft meines Lebens. Es beginnt mit der Sehnsucht, vor Gott ganz da sein zu dürfen, mit allem, was ich bin und was sich in mir bewegt. Nicht selten verbindet sich dieser Gebetsbeginn mit der Vorstellung, dass der Herr mich schon erwartet und *aufrichtet*, so wie der barmherzige Vater den verlorenen Sohn. Ein Glück, glaubend wahrnehmen zu dürfen, wie er mir mit offenen Armen bereits entgegenkommt. Dann bete ich weiter, wie es Ignatius vorschlägt: »Schenk

mir die Gnade, dass all meine Absichten, meine Handlungen und mein ganzes Dasein rein auf Dich hin ausgerichtet seien.« Manchmal darf ich die innere Dynamik auch verspüren, die mich *ausrichtet*, oder besser gesagt, den »Magneten«, der mich anzieht. Die Kräfte in mir werden wach und auf Gott hin gelenkt. Das schenkt Klarheit und Kraft, macht leicht und frei. Alles wird relativ – bezogen – im Blick auf den Herrn. Alles wird leichter, wenn er mich im Blick hat, mich aufrichtet und ausrichtet.
Auf wen richte ich mich aus? Auf Jesus Christus, der mir auch in jedem Menschen begegnet. Obwohl ich dieses kurze Gebet zwischendurch gerne im Blick auf den Himmel spreche: Die Ausrichtung zielt auf die Erde, auf Gott in dieser Welt. Zugleich aber lässt es mich in das große Geheimnis fallen, das unsagbar tiefer ist als alle Welt. Die Bilder springen. Ich erlebe, wie dieses Vorbereitungsgebet aus den Exerzitien mein Leben prägt. Ganz gewiss ist es die Sehnsucht meines Lebens geworden. Es geschieht mitten im Alltag, dass es im Herzen erklingt und verbindet: »Ganz auf Dich hin ausgerichtet, ganz in Deinem Blick!«

Josef Maureder SJ

In reiner Absicht

Während der Gymnasialzeit besuchten mein Bruder und ich regelmäßig unseren Beichtvater in Wien-Lainz. Mich beeindruckte vor allem die große Bücherwand hinter seinem Schreibtisch. Von den Zusprüchen nach der Beichte kann ich mich außer an einen kaum noch erinnern. Er sagte mir immer wieder, ich solle mich um »die reine Absicht« bemühen. Diesen Hinweis habe ich damals nicht wirklich verstanden. Das Gefühl blieb jedoch, dass sich hinter diesem Ausdruck etwas Wichtiges verbergen würde; vielleicht die Einladung, meiner inneren Stimme treu zu bleiben und mich offen und verfügbar zu halten für den Weg der Nachfolge.

Während meines Studiums verblasste das Wort von der reinen Absicht. Ich hatte das Gefühl, meinen Weg gefunden zu haben, und ging den eingeschlagenen Weg weiter. Von daher brauchte ich mich um die »reine Absicht« nicht mehr zu kümmern – so meinte ich. In der Zeit des Psychologiestudiums und während meiner Lehranalyse hatte ich den Eindruck, mich um eine wirklich reine Absicht zu bemühen, wäre – angesichts der Zwiespältigkeit und Gemischtheit meiner Motive – ein ziemlich hoffnungsloses Unterfangen, etwas, das vielleicht im Himmel zu erreichen ist, aber nicht auf dieser Welt. Trotzdem hat mich dieses Wort nicht losgelassen. Es war Ausdruck einer Hoffnung, die mir wichtig, aber schwer zu realisieren schien. Als ich später einmal mit Hildegard, meiner Frau, über dieses Thema sprach, erzählte sie mir, dass sie lange Zeit ein Wort begleitet habe, das Klara von Assisi zugeschrieben wird. Von verschiedenen kirchlichen Autoritätspersonen und Wohltätern bedrängt, ihren Lebensstil doch etwas abzumildern und mehr Kompromisse einzugehen, gab sie zur Antwort: »Wer auf Gott schaut, wird nicht blind, und wer Ihm dient, wird nicht krumm« – eine andere Formulierung für das, was Ignatius mit »reiner Absicht« meint. So schreibt Ignatius in den Satzungen: »Alle sollen sich darum bemühen, ihre Absicht nicht nur in Bezug auf ihren Lebensstand, sondern auch auf alle Dinge *gerade zu halten*, indem sie in ihnen stets lauter danach streben, der göttlichen Güte um ihrer selbst willen … zu dienen und zu gefallen« (Ignatius von Loyola, Satzungen Nr. 288).

Eine neue Bedeutung und Leuchtkraft hat dieses Wort jedoch für mich erst in den letzten Jahren bekommen, in der Arbeit mit oft schwer traumatisierten Jugendlichen, die zudem mitten in der Entwicklungsaufgabe stehen, sich von Erwachsenen zu lösen. Auch wenn ich mich im Rahmen der therapeutischen Einzelgespräche bemühe, sie zu verstehen und zu unterstützen, kommt nur sehr, sehr selten eine Rückmeldung von ihnen. Das hat mich anfangs stark verunsichert. Von meiner Kurs- und Unterrichtstätigkeit war ich es gewohnt, meist ein positives Echo oder manchmal auch ein weniger gutes zu bekommen. In dieser echo-armen Situation hat die Einladung von Ignatius für mich eine neue Bedeutung bekommen: meine Absicht gerade zu halten, ohne Rücksicht auf Bestätigung und Anerkennung, den inneren Frieden darin zu finden, *seinen* Willen getan zu haben – im Vertrauen darauf, dass *er* mein bruchstückhaftes Bemühen vollenden wird.

Klemens Schaupp

Vom Schauplatz und von Spielern

In der Leben-Jesu-Betrachtung der zweiten Exerzitienwoche legt Ignatius dem Übenden nahe, den konkreten Schauplatz der Nazareth-Szene mit ihrer Landschaft, den beteiligten Personen und deren Konstellationen betrachtend herzustellen (composicion del lugar). Er gibt für diese szenische Vergegenwärtigungsübung die »Regieanweisung«, sich in angemessener, frommer und würdiger Weise diesem Schauplatz affektiv, intellektuell und existentiell zu nähern. Wir sollen uns also in frommer, angemessener, aber durchaus freier Weise und mit Phantasie auf die Suche nach unserem eigenen Platz auf dieser Betrachtungsbühne begeben. Der Schauplatz konfrontiert uns mit den Drehbüchern unseres Lebens, die uns ins Spiel gebracht haben, ohne dass wir gefragt wurden. Der Ort unserer Geburt, die Zeit, in der wir leben, die Familie, in die wir hineingeboren wurden, die Traditionen, die uns prägten, die Landschaften und die Charakteristik unserer Lebensorte: All das hat uns geprägt – wie Jesus auch. Die Stempel, die in Freude und Leid, in guten und in schlechten Tagen, in Trost und Verzweiflung sich unserer Seele aufgedrückt haben – wie im Leben von Maria, Josef und Jesus. Als betrachtende Mitspieler in dieser Szene werden wir in dieser Übung an die grundlegenden Wiederholungen und zeitlosen Geltungen dieses Lebensspiels geführt: geboren werden und sterben, verlieren und finden, Schuld und Vergebung, vergessen und sich wieder erinnern. Wir dürfen diese Bühne Jesu und unseres Lebens fromm betrachten, wie es bei Ignatius heißt. Wir sollen es als

Übung und Erprobung in das große, tapfere, vielleicht auch schmerzliche Ja zur Welt, zu uns selbst und zu Gott verstehen.
Ich muss diesen Text nicht auswendig lernen und ihn wörtlich wiederholen, sondern ich darf ihn beleben mit meinen eigenen Erfahrungen und ihn ergänzen mit meinen Gefühlen und Gedanken. Wir könnten dann entdecken, dass in jedem von uns Spielern auf der Bühne Gottes ein geheimes Projekt steckt, dass jeder von uns eine eigene Geheimniszeit hat – wie bei den Personen in Nazareth.
In den unabänderlichen Tatsachen unserer Geschichte in Raum und Zeit haben wir doch einen Spielraum, ist uns die Möglichkeit eingeräumt, aus der blinden Lebensgeschichte eine aktive Schicksalserfahrung zu formen. Eine solche Schauplatzübung ermöglicht es uns, unsere Erinnerungen im Guten wie im Schlechten neu in das Abenteuer einer gelösteren Gegenwart zu verwandeln. Um diesen Schauplatz zu bespielen, bedarf es der affektiven Kraft der Identifikation mit uns selbst und unserem Platz in der Welt, es braucht die Liebe zu den Mitspielern auf den Schauplätzen unseres Lebens und ein Grundvertrauen in die Vorgabe des Drehbuchs, das der Schöpfer uns zugedacht und auch auferlegt hat. Zu diesem geistlichen Lebensspiel gehören nach Ignatius auch die angemessene Distanz, eine Disziplin und der Sinn für Genauigkeit, damit aus diesem Spiel nicht ein Karneval der Beliebigkeit und des Unernstes wird. Es darf auch nicht nur ein Gedankenspiel bleiben, sondern es muss aufgeführt werden und sich den Komplexitäten und Herausforderungen der Wirklichkeit aussetzen. Ohne wahren Einsatz kein Spiel. Ohne Mitspieler bliebe dieses Spiel nur eine einsame Solonummer ohne Antwort auf die Frage, für wen wir eigentlich spielen

und wozu. Ignatius, so verstehe ich diese Übungsart, möchte uns zur Spielfreude ermuntern, ohne uns doch zu sehr in den Vordergrund zu spielen, denn es ist das Spiel von geistlichen Menschen im Dienst einer göttlichen Majestät. Seine Größe als Schöpfer und sein Schicksal im Kreuz tragenden Sohn müssen durchscheinen im Spiel der Geschöpfe.

Wo bleibt Gott in dieser Schauplatz- und Lebensspielübung? Könnte er nicht der diskrete Souffleur im Kasten sein, der immer da ist, besonders dann, wenn wir den Text vergessen haben oder nicht mehr wissen, wofür wir eigentlich spielen? Dieser göttliche Souffleur würde uns Stichworte der Hoffnung und des Trostes geben, wenn wir abbrechen wollen, weil wir nur noch zu stottern meinen.

Er könnte auch der diskrete Regisseur sein, der uns nicht ständig an der kurzen Leine der Regieanweisungen führt, sondern uns ermuntert, ernsthaft und mit Einsatz zu spielen. Er würde uns immer wieder versichern, dass wir nicht ängstlich darauf fixiert sein sollen, das Leben nicht zu verspielen, sondern dass die Chance viel größer ist, im Vertrauen auf *ihn* das Lebensspiel zu gewinnen. Er könnte uns immer wieder die Selbstzweifel nehmen, ob denn der Deus semper maior eine Resonanz in einem endlichen, kleinen und begrenzten Menschen entfalten könne.

Der letzte Akt, wenn der Vorhang fällt. Gott wird sich auch die Klagen anhören, dass die Rollen und Schauplätze, auf denen wir spielen durften und auch mussten, nicht demokratisch verteilt und besetzt wurden. Er wird uns an seinen Sohn verweisen, auf dessen Lebens- und Schicksalsweg. Tröstlich könnte für uns geistliche Lebensspieler in dieser göttlichen Komödie auch sein, dass das letzte Wort über unseren Einsatz im Spiel des

Lebens nicht dem Applaus des Publikums, keiner irdischen Intendanz und auch uns selbst nicht gehört. Es wird von dem diskreten Regisseur gesprochen werden, von dem Ignatius sagt, er sei in seiner göttlichen Souveränität voller Erbarmen – eben con grande ánimo.

Hermann Breulmann SJ

Christus finden durch das Wort der Schrift

Während der großen Exerzitien meines Noviziates vor 40 Jahren durfte ich entdecken, wie nahe ich Christus kommen kann, wenn ich mich in die Worte der Hl. Schrift vertiefe. Seine Worte waren auf einmal direkt an mich gerichtet: »Bleibet hier und wachet mit mir!« Oder: »Was soll ich für dich tun?« Seine Worte und die der anderen Personen in den Szenen der Evangelien wurden mir zur Brücke, ganz persönlich mit ihm zu sprechen, und manchmal ganz nahe bei ihm zu sein. Vielleicht ist dies nicht »typisch ignatianisch«, aber unser Vater Ignatius hat es mich gelehrt. Im Prozess seiner Bekehrung auf dem Krankenbett in Loyola hat er es selbst gelernt. Er las tagelang immer wieder in der Vita Christi des Ludolf von Sachsen. Dies war ein Buch aus der mittelalterlichen Frömmigkeitsbewegung der »devotio moderna«. In diesem Werk wurde dem frommen Leser und Beter jede einzelne Erzählung der Evangelien bis ins kleinste Detail vor Augen geführt. Dies hat Ignatius in die Anleitungen seiner geistlichen Übungen übernommen:
»Die Geschichte lesen« – »den Schauplatz bereiten« – »die Personen sehen« – »hören, was sie sagen« – »schauen, was sie tun«. Wer geistliche Übungen macht, soll bis in die Details gehen: Ist der Weg breit oder schmal, steil oder eben, mit vielen Kehren oder geradeaus? Er soll die Worte, die gesagt werden, so lange hören, bis sie einen persönlichen Klang bekommen: »Komm und sieh!« »Du Narr!« »Zu wem sollen wir gehen?« »Herr, wenn du es bist ...« »Ihr Heuchler!« »Warum weinst

Du?« etc. So wie manche persönliche Erinnerungen durch genaue Erinnerung an den Ort, die Gerüche, den Klang der Stimme, die gesagten Worte innerlich wieder ganz lebendig werden können, so ist dies auch mit dem Leben Jesu möglich. Als ich einmal sehr lebendig und im Detail über eine biblische Szene sprach, meinte jemand zu mir: »Was Sie sagen und wie Sie es sagen, klingt so, als wären Sie dabei gewesen.« Das ist genau, was Ignatius mit seinen biblischen Betrachtungen beabsichtigt: ganz dabei sein, in seine Welt eintauchen, den Klang seiner Stimme hören, die Reaktionen der Leute spüren, selber mitmachen und mitspielen ... und mitsprechen, mitbeten.

Die Hl. Schrift soll so betrachtet werden, als wenn ich selbst gegenwärtig (»presente«) wäre. Wie das konkret aussehen kann und wozu es führt, zeigt Ignatius am schönsten und klarsten in der Betrachtung von der Geburt Christi (EB 114): »Die Personen sehen, nämlich unsere Herrin sehen und Josef und die Magd und das Kind Jesus, nachdem es geboren ist; ich mache mich dabei zu einem kleinen, armen und unwürdigen Diener, indem ich sie anschaue, sie betrachte und ihnen in ihren Nöten diene, wie wenn ich mich gegenwärtig fände, mit aller nur möglichen Ehrerbietung und Ehrfurcht.«

Franz Meures SJ

Welches Schriftwort nährt mich heute?

Jeden Morgen meditiere ich die Lesung und das Evangelium vom Tag, also gerade jene Abschnitte aus der Heiligen Schrift, die für die tägliche Eucharistiefeier vorgesehen sind. Mein Fokus dabei: Gibt es ein Wort oder einen Satz, der heute für mich geschrieben ist? Welches Wort nährt mich heute?

Am Ende meines Philosophie-Studiums in München teilte mir mein Provinzial mit, dass mein nächstes Einsatzgebiet die Jugendarbeit in Innsbruck sei. Vieles konnte ich mir vorstellen, nur nicht die Jugendarbeit. Ich hatte dazu weder Erfahrung noch Neigung. Was also tun? In meiner Morgenbetrachtung habe ich alle Texte plötzlich sehr existentiell gelesen: Was heißt dieser Text für mich, in meiner Situation?

Wenige Tage nach dem Gespräch mit dem Provinzial finde ich dann in der Tageslesung »mein« Wort – im Buch des Propheten Hosea (10,12): »Nehmt Neuland unter den Pflug. Es ist Zeit, den Herrn zu suchen, dann wird er kommen und euch mit Gerechtigkeit überschütten«.

Dieses Wort hat mich aufgebaut. Ich habe es einige Jahre später zu meinem Primizspruch gewählt – und es begleitet mich bis heute. Die Arbeit mit Jugendlichen in der Marianischen Kongregation (MK) Innsbruck war vollkommenes Neuland für mich: eine gute Zeit mit starken Erfahrungen, für die ich sehr dankbar bin. Die Weise meiner Morgenmeditation habe ich beibehalten. Jeden Morgen suche ich ein Wort in der Bibel, das mich stärkt und durch den Tag trägt.

Christian Marte SJ

5. In allem lieben und dienen

Die Liebe muss mehr in die Werke
als in die Worte gelegt werden.
(Exerzitienbuch Nr. 230)

Die Liebe besteht im Mitteilen von beiden Seiten.
(Exerzitienbuch Nr. 231)

Alles ist Dein,
verfüge nach Deinem ganzen Willen;
gib mir Deine Liebe und Gnade,
das ist mir genug.
(Exerzitienbuch Nr. 234)

Schauen, wie Gott in den Geschöpfen wohnt …
und so in mir:
indem er mir Sein gibt;
indem er beseelt;
indem er wahrnehmen macht
und indem er mich verstehen macht;
ebenso indem er einen Tempel aus mir macht,
da ich nach dem Gleichnis und Bild
seiner göttlichen Majestät geschaffen bin.
(Exerzitienbuch Nr. 235)

»Die Liebe besteht im Mitteilen von beiden Seiten«

»Willi will wohl mal Geistlicher werden, aber kein Jesuit!« – So sagte meine Mutter einmal zu meinem Religionslehrer bei einem Schulgespräch. Mir, einem Klassenwiederholer, schienen 14 Jahre Schule und dann ungefähr nochmals ca. 11 Jahre Ausbildung bei den Jesuiten unerträglich lange. Nun, abgekürzt und in aller Einfachheit: Ich glaube, dass der Geist Gottes durch Ignatius hindurch auf mich eingewirkt hat. Die Lektüre eines Essays von Reinhold Schneider über die dunkle Gewissens-Nacht des Ignatius hat mich geschüttelt und angezogen; Gewissens-Nöte waren mir nicht fremd. Ich habe mich wohl verstanden gefühlt.

Trotz der Anziehung blieb mir über Jahrzehnte auch das Gefühl einer gewissen Kühle und eines Abstandes gegenüber Ignatius, obwohl ein Hausgenosse von ihm einmal meinte, Ignatius sei »ganz Liebe«. Nun: streng, genau, methodisch, hart war er schon auch und in manchen Vorstellungen seiner Zeit und Sprache verhaftet, die uns fremd sind. Ich bin dankbar, dass ich manches im Lauf der Jahre entdeckt habe, das mir die Größe und Tiefe seiner Spiritualität nahebrachte: seine Freiheit und Beweglichkeit – SJ = System-je-nachdem; »das »Allerbeste meines Lebens«, d.h. »seine« Exerzitien, besonders auch die Exerzitien im Alltag, die mich zu »Angeboten christlicher Lebenskultur« inspirierten. Und großartig finde ich den Übersetzungsversuch der Jesuiten in die vier Leitworte: Glaube – Gerechtigkeit – Kultur – Dialog als Orientierungspunkte heutiger Seelsorge.

Eine ganz große Entdeckung wurde für mich eine Stelle in seinem geistlichen Tagebuch, in der Ignatius selber das Innerste seines Herzens offenbart. Dies sei die »ehrfürchtige Liebe« zu Gott und allen Dingen, d.h. zur Schöpfung, zum Kosmos, zu allen Geschöpfen, zum Menschen. – Dieser Grundcharakter seiner Beziehung zur Wirklichkeit zeigte sich mir nochmals ganz besonders darin, dass ich Ignatius als einen außerordentlichen Meister der Kommunikation schätzen lernte. Es gibt eine Instruktion, die er 1546 an drei Mitbrüder schrieb, die als Berater auf das Konzil von Trient geschickt wurden. Darin gibt er ihnen sieben Hinweise für die Kommunikation. Seine »goldene Regel«, bei der jedes Wort bedeutsam ist, lautet: »Ich wäre langsam im Sprechen, indem ich das Hören für mich nutze; ruhig, um die Auffassungen, Gefühle und den Willen derjenigen, die sprechen, zu verspüren und kennenzulernen, um besser zu antworten oder zu schweigen.« – Wenn wir dies mehr aufnehmen und einüben könnten …!
Die »Kunst des Kommunizierens« entspricht ganz seiner Definition des Liebens: »Die Liebe besteht im Mitteilen von beiden Seiten« – »El amor consiste en comunicación de las dos partes«. Und diese Liebe allein schenkte ihm Genügen – »Ésta me basta!«

Willi Lambert SJ

In allem

Das Ignatius-Wort »Gott in allen Dingen suchen und finden« ist wohl das bekannteste und am meisten zitierte. Oberflächlich betrachtet scheint es sich leicht in das heutige Bedürfnis nach Freiheit und Individualität im Finden des persönlichen Zugangs zum Glauben einzufügen: nicht nur in der Kirche, in vorgegebenen Formen, auch in der Natur, ja überall ist Gott zu finden. Schnell und berechtigt findet dieses Wort Zustimmung. Ignatius von Loyola hat es – so meine ich – radikaler verstanden. Überliefert ist seine Aussage, dass er nur eine Viertelstunde Gebet bräuchte, um über die Auflösung des Ordens hinwegzukommen. *In allem* – selbst in der Zerstörung seines Lebenswerkes – ist Ignatius bereit, Gottes Willen zu suchen und zu finden.

In einer schwierigen Lebenssituation, die ich nicht begreifen konnte, sind für mich die Worte *»in allem«* Anker geworden. Sie haben mich davon befreit, um jeden Preis verstehen zu müssen, und ermutigt zu vertrauen. Sie sind mir zu einer Art »Herzensgebet« geworden, das ich wiederholend bete: *In allem – in allem Du.*

In meiner Aufgabe als Generalleiterin der Schwesterngemeinschaft Caritas Socialis finde ich mich in vielen Besprechungen in scheinbar ausweglosen Situationen, vor wichtigen Entscheidungen. Mitten im Geschehen bringt mich das Wiederholen der vertrauten Worte ins Gleichgewicht und ruft mich auf, auch bei Problemen daran zu glauben, dass Gott *in allem* zu finden ist. Ich versuche gleichsam mit *seinem* Blick auf die Wirklichkeit zu schauen.

Dieses *»in allem«* ist für mich eine Einladung, in Verbindung mit Gott zu leben, *ihn* zu entdecken. Es kann zu einer herausfordernden Frage werden, ob ich damit ernst mache: Wirklich *in allem?* Wenn ich sie ernst nehme, so sind diese Worte eine Einladung zu Wachstum, zu Vertrauen und Liebe.

Zu solchem Wachstum lädt auch Paulus in den Herausforderungen menschlichen Miteinanders ein: »Wir sollen nicht mehr unmündige Kinder sein, ein Spiel der Wellen, hin und her getrieben von jedem Widerstreit der Meinungen, dem Betrug der Menschen ausgeliefert, der Verschlagenheit, die in die Irre führt. Wir wollen uns, von der Liebe geleitet, an die Wahrheit halten und *in allem* wachsen, bis wir ihn erreicht haben« (Eph 4,15).

Schließlich finde ich mich mit meinem Lieblingswort aus dem ignatianischen Schatz in guter Gesellschaft mit der Gründerin der Caritas Socialis, Hildegard Burjan, und stelle mir vor, wie sie ihr Herzensgebet durch die Spannungen ihres Lebens getragen hat. Einer Schwester schreibt sie: »Mit *ihm*, durch *ihn*, für *ihn*, diese sechs Wörter mögen Ihnen den ganzen Tag recht lebendig sein. Ich finde bei mir immer, dass sie in allem Kummer, in aller Enttäuschung, die man bei Menschen hat, in aller Arbeitslast genügen.«

Maria Judith Tappeiner CS

Dienst

Das Wort »Dienst« scheint in unserer modernen serviceorientierten Gesellschaft in aller Munde zu sein. Wir fragen Dienstleistungen nach oder bieten sie selbst an, um unseren Lebensunterhalt zu sichern. Dabei legen wir nicht nur auf die Qualität der erbrachten Leistung großen Wert, sondern auch auf die Kundenbeziehung. Dieses alltägliche Beispiel deutet schon an, worin der tiefere Gehalt des Dienens, das ein zentraler Baustein der ignatianischen Spiritualität ist, liegen könnte.

Wenn Ignatius von »dienen« (servir) spricht, dann geht es immer um eine Beziehung und um eine grundlegende Haltung des Menschen. Wir sind geschaffen, »um Gott unseren Herrn zu loben, ihm Ehre zu erweisen und ihm zu dienen« (EB 23) und dadurch unsere Seele zu retten. Um anderen dienen zu können, muss ich aber zuerst selbst beziehungsfähig werden, mich von Gott ansprechen, beschenken und in Dienst nehmen lassen. Wie schwer das manchmal fallen kann, zeigt die Geschichte der Fußwaschung (Joh 13,1–20). Die Gestalt des Petrus führt mir vor Augen, dass es nicht nur auf meine eigene Leistung und Würdigkeit ankommt, sondern darauf, dass ich mich von Jesus Christus annehmen lasse. Erst dann werde ich mich selbst als Geschöpf Gottes mit all meinen Grenzen akzeptieren können. Petrus erinnert mich aber auch daran, dass meine Bedürfnisse, Ängste und Wünsche in Christus ihr rechtes Maß erhalten (vgl. EB 23) und ich in seiner Liebe über mich selbst hinausgeführt werde. Die Zeichenhandlung Jesu wird zum Beispiel, das in ein neues Gebot mündet: »Liebt einander! Wie ich euch geliebt habe, so sollt auch ihr einander lieben« (Joh 13,34). Dass dieser Dreischritt des Rückgangs auf die Beziehung zu Gott, über die Annahme meiner selbst auf den anderen Menschen hin einiges an Mut, ja Demut, Geduld und Aufmerksamkeit erfordert, ist unbestritten. Der Einsatz für andere Menschen und für Gerechtigkeit ist für Ignatius ein wesentliches Kriterium der Nachfolge, das aber nicht von seiner geistlichen Dimension getrennt werden kann. Selbst die Mühen, die Armut und die Schmach, die mit dem Wunsch, den Seelen zu helfen (ayudar), verbunden sein mögen, sind keine absoluten Größen (vgl. EB 167), sondern stehen im Dienst (vgl. EB 93) des Evangeliums. Dienen (servir) und helfen (ayudar) können – und darin liegt der wesentliche Unterschied zu sonstigen »Dienstleistungen« – letztlich nur in einer lebendigen Beziehung zu Gott, zu den Mitmenschen und zur Welt als Schöpfung gelebt werden.

Paul Schroffner SJ

Iuvare animas – den Menschen helfen

»Iuvare animas«, brav und wörtlich mit »den Seelen helfen« übersetzt, ist nur einer von vielen Begriffen, denen man begegnet, wenn man sich mit Ignatius von Loyola bzw. der Spiritualität der Jesuiten auseinandersetzt. Es klingt nicht ganz so beeindruckend wie »alles zur größeren Ehre Gottes«, dafür ist es aber sehr praxisorientiert, wie mir scheint.
Wer sein Leben nicht gerade als Einsiedler fristet, begegnet nun einmal Menschen mit all ihren Freuden, Sorgen und Kümmernissen, ihren Begabungen und ihren Defiziten. Er begegnet Reichen und Armen, Kranken und Gesunden, Gleichgültigen und Engagierten. Man könnte die Aufzählung noch lange weiterführen. Was sie alle gemeinsam haben, ist, dass sie ihr Leben letztlich auf ein Ziel hin zu gestalten haben.
»Den Menschen helfen« habe ich als eine Anfrage an mich zu verstehen gelernt. Meine Haltung – die eines Menschen, der bereit ist sich überall da einzusetzen, wo Hilfe nötig ist, ohne das an irgendwelche Voraussetzungen zu knüpfen. Mich darum zu bemühen heißt: es einfach zu tun und sich dabei zu riskieren. Lange Überlegungen oder Meditationen, wie diese Haltung zu erreichen sei, sind pure Vergeudung von Kraft und Zeit. Learning by doing ist angesagt, Erfahrung zeigt, dass es funktioniert.
Man darf nicht weiter springen wollen, als die eigene Konstitution es hergibt. Da die eigene Konstitution nun einmal begrenzt ist, bietet es sich an, um Rat zu fragen, Feed-back zu erbitten, gemeinsam zu entscheiden

und Probleme zu lösen, am besten mit den Menschen, mit denen man es gerade zu tun hat. Das gilt für Freundschaften ebenso wie für die Beziehung zwischen Therapeut und Klient, Untergebenem und Vorgesetztem. Wer Verantwortung übernimmt als Chef oder Seelsorger, Mutter oder Vater, Empfänger von Hilfe oder Geber, tut gut daran, sich als Diener zu verstehen. Helfen ist nun einmal Dienen und nicht Herrschen, und es ist vor allem keine Einbahnstraße. Geben ist immer auch empfangen. Wer hilft, dem wird geholfen.
Ich bin schon länger als 40 Jahre Jesuit. Nach der Ausbildung wirkte ich neben weiterführenden Studien in einer Pfarrei in Chicago, ich arbeitete als Therapeut in der Psychiatrie, ich war Studentenpfarrer und später Leiter eines Internatsgymnasiums. Jetzt lebe ich schon einige Jahre im Kosovo, einem kleinen muslimischen Land auf dem Balkan, wo die Schulsituation mehr als beklagenswert ist. Hier gelang es mit der Hilfe vieler, ein Gymnasium mit Internaten für Jungen und Mädchen aufzubauen. Keine dieser Aufgaben hatte ich mir gewünscht, geschweige denn vorher ausgesucht. Alle waren sie für mich neue Herausforderungen, und bisher habe ich immer mehr empfangen als gegeben.
Iuvare animas – den Menschen helfen ist keine Aufforderung zu asketischen Glanzleistungen, sondern ein Erfolgsrezept für jeden, der optimistisch und gemeinsam mit anderen willens ist zu dienen, um zum Nutzen des Einzelnen und der Gemeinschaft kein Talent verlorengehen zu lassen.
Ganz sicher ist »den Menschen helfen« dann auch »zur größeren Ehre Gottes«.

Walter Happel SJ

Die ganze Welt ...

Schon als Jugendliche habe ich erleben können, wie die Begegnung mit Menschen aus vielen Ländern in mir etwas von Gottes Gegenwart mitten unter uns ins Schwingen bringt. Durch die Exerzitien durfte ich dann erfahren, wie *er* mich einlädt, mich mit *ihm* auf die einzulassen, »die ... auf dem Angesicht der Erde in so großer Verschiedenheit leben ...: die einen weiß und die anderen schwarz ...« (EB 106). Dieses Locken, ja Rufen hat sowohl meinen beruflichen Werdegang als auch meinen Dienst in der GCL geprägt: In der Beratung von kirchlichen Medieninitiativen vor allem in den südlichen Kontinenten und als Präsidentin der Welt-Gemeinschaft Christlichen Lebens (GCL) sind mein Arbeiten und mein Leben »weltumspannend« geworden. Jeden Tag kann ich durch den ständigen Austausch mit Menschen rund um den Globus etwas von der Vielfalt und Buntheit des Volkes Gottes entdecken, bin ich konfrontiert mit Spannungen, Not und Unrecht und darf ich staunen über die Hoffnungen und Möglichkeiten der Menschen und unsere Verbundenheit in der weltweiten Gemeinschaft der Kirche.

»Je universaler, desto göttlicher« – so alltäglich mir »Universalität« geworden ist, das Göttliche darin immer wieder neu zu entdecken, bleibt Herausforderung. Die Menschen in Afrika, Asien oder Lateinamerika gehen mich etwas an – weil Gott sie gewollt hat. Ich kann vor ihren Fragen und Forderungen nicht die Augen oder gar mein Herz verschließen, weil *er* ihnen Leben verheißt. Ich erlebe dankbar, wie Opfer von Gewalt und Unterdrückung Kraft finden, für Gerechtigkeit, Würde und Freiheit einzutreten, und so auch mich mit meinen Überzeugungen und meinem Lebensstil herausfordern, damit wir alle mehr von der Sehnsucht Gottes für diese Welt verwirklichen.

Ich ahne Gott in der Gnade, von Bedrängnis, Leid und Schmerz auch des fernen Nächsten berührt zu werden und darin *ihn* zu entdecken. In Besuchen vor Ort frage ich mich immer wieder: Könnte ich diese Armut und die alltägliche Gewalt ertragen, ohne zu resignieren? Wie bewahren die Menschen, denen ich begegnen darf, in ihrem alltäglichen Kampf ums Überleben ihren Lebensmut? Und ich werde angerührt und beschämt von den vielen kleinen Schritten, mit denen sie versuchen, ihren Kindern ein besseres Leben zu ermöglichen, von den Zeichen der Solidarität untereinander und der Fähigkeit zu feiern und sich miteinander zu freuen ... Zeichen *seiner* Gegenwart und *seines* Reiches mitten unter uns.

Und ich erfahre das Göttliche in meinem Angewiesensein auf *seine* Führung und *sein* Erbarmen, um in der Fülle der Herausforderungen und Aufgaben das zu entdecken, was *er* jetzt mir zu tun und zu lassen aufträgt. In diesem Suchen taste ich viel – und stolpere. Aber *er* schenkt mir immer wieder Vertrauen und Mut, aufzustehen und einen neuen Schritt zu wagen – für den *er* mir zusagt: Ich bin da!

Daniela Frank

Mit geöffneten Augen

»Vamos vacío!« – »Wir fahren leer!« – schreien Männer und versuchen damit Fahrgäste anzuwerben. Der Bus platzt bereits aus allen Nähten und doch lassen sich die Salvadorenos am Ende des Arbeitstages noch dichter zusammendrängen. Das gehört zum Alltag in der 1,1-Millionen-Stadt San Salvador. Ein etwa fünfjähriges Mädchen turnt unter dem Eisendrehkreuz am Buseingang hindurch, eine beinamputierte Frau folgt ihr. Sichtbar mit Mühen und Schmerzen windet sie sich auf dem Boden unter dem Drehkreuz hindurch und zieht ihre Krücke nach. Kaum setzt sich der Bus stotternd, kreischend in Bewegung steht die Frau mit ihren Krücken im Gang und bittet um ein Almosen. Eine offene Hand des Kindes streckt sich uns entgegen … – Die Hälfte der Bevölkerung von El Salvador lebt laut Statistik unter der Armutsgrenze. Vermutlich sind es mehr.

Was hat das mit meiner Spiritualität und mit Ignatius zu tun?

Ignatius hat mir die Augen für die Welt, besonders für die Wirklichkeit der Armen, geöffnet. Es begann mit der Einübung eines Perspektivenwechsels in Exerzitien: Zusammen mit Gott, Jesus und dem Heiligen Geist den Blick auf die Rundung der Welt richten, worin so viele und verschiedene Völker wohnen (EB 102f). Vielfältig und widersprüchlich zeigt sich hier menschliches Leben, gefährdet und notvoll. Von Liebe bewegt greift Gott ein und wird Mensch. Diese »Einigung Gottes mit der Welt der Armen« – so der Theologe, Jesuit und Martyrer Ignacio Ellacuría – brennt mir seitdem im Herzen. Ignatius verhilft mir zu einem Beten mit geöffneten Augen. Wenn ich sehe, was in der Welt los ist, kann ich den Blick nicht abwenden von den ungerecht und unschuldig Leidenden. Dann gehört für mich Compassion dazu als teilnehmende Wahrnehmung fremden Leids. Engagierter, widerständiger, leidender suche ich, mit anderen »eine Stimme (zu) finden vor Gott und den Menschen und klagend in die Hoffnung hinein zu protestieren« (Julia D. E. Prinz). Exerzitien beleben, fordern und fördern mich dazu, mitfühlender und kommunikativer an der Seite Jesu zu gehen. Die Armen schließen mir das Evangelium neu auf. Dass die Liebe nach Ignatius mehr ins Tun als in Worte gelegt werden soll (EB 230), leuchtet mir ein. Jesu Botschaft braucht heute Hände, Füße und ein Herz.

Kyrilla Schweitzer

Planen und Gottvertrauen

Planen und Organisieren ist auch in der Kirche ganz wichtig. Erst kommt die Idee, dann müssen Ziele beschrieben und die geeigneten Mittel und Wege gefunden werden. Wenn mehrere Leute, Gremien oder Organisationen eingebunden werden müssen, dann braucht es gut durchdachte und klar formulierte Konzepte. Als Pfarrer einer Innenstadtkirche habe ich viele Einzelbegegnungen und »normale« Seelsorge. Wenn aber etwas neu oder anders gemacht werden soll, wenn es ein besonderes Projekt gibt oder gar eine außerordentliche Finanzierung notwendig ist, dann heißt das: planen, konzipieren, organisieren.
Das mag bislang nicht besonders »spirituell« geklungen haben. Eher mag mancher überrascht sein, dass es einem Pfarrer nicht viel anders zu gehen scheint als einem selbst im eigenen Beruf. Aber gerade deswegen hat ein für mich ganz wichtiger ignatianischer Impuls mit dem Planen zu tun. Liest man den autobiographischen »Pilgerbericht« des Ignatius oder studiert man sein Exerzitienbuch, wird man zunächst nicht viel dazu finden. Das hängt aber damit zusammen, dass der Pilgerbericht dort endet, wo die Arbeit des Jesuiten Ignatius erst so eigentlich begonnen hat: am Schreibtisch in Rom. Von hier aus hat Ignatius in Tausenden von Briefen Kontakt mit den Jesuiten weltweit gehalten und neben mancher geistlichen Korrespondenz vor allem Leuten geschrieben, deren Unterstützung er für seine Projekte, Schulgründungen etwa, brauchte. Ignatius in den Jahren als Jesuit war vor allem Planer und Organisator.

In meiner Arbeit muss ich meist andere mit ins Boot holen und auch dann kommt es manchmal anders als geplant. Das kann ganz gehörig frustrieren. Die Versuchung ist groß, »mein Ding« gegen alle Widerstände durchzuziehen oder es schmollend aufzugeben.
An Ignatius fasziniert mich, dass er, der große Planer und Organisierer, zugleich die Fähigkeit gehabt zu haben scheint, seinen Masterplan im Papierkorb verschwinden zu lassen, wenn es anders kommt als geplant. Ich glaube, diese Freiheit hat er in den Exerzitien gelernt und davor noch auf seinem Pilgerweg. Denn mehrfach – wörtlich oder im übertragenen Sinn – hat eine Kanonenkugel seine eigenen Pläne über den Haufen geworfen, und Ignatius konnte feststellen, dass aus dieser »Betriebsstörung« Gott einen viel besseren Plan verwirklicht hat. Dennoch hat er aber eifrig wieder seine – vielleicht manchmal gar perfektionistischen – Pläne gemacht, ohne zu schmollen.
So denke ich an den heiligen Ignatius, wenn ich meine genialen Pastoralpläne mache, und bitte ihn um seine Fürsprache, wenn ich in Gefahr laufe zu schmollen, weil es anders kommt. Der geniale Plan landet dann zwar im Papierkorb oder in der dicken Ablage. Aber mir hat Gott ein wenig Gelegenheit gegeben, zwar all meine Kräfte einzusetzen, mich dabei aber nicht zu wichtig zu nehmen.

Martin Löwenstein SJ

In Gemeinschaft entscheiden: Indifferenz und Methode

In meiner Ausbildung wurde ich bald nach dem Zweiten Vatikanischen Konzil auf einen Text aus der Gründungsgeschichte des Ordens aufmerksam: die so genannte »Deliberatio primorum patrum«. Es handelt sich dabei um einen Bericht über die Beratungen der ersten Gefährten des Ignatius im Jahr 1539 in Rom, ob sie einen Orden gründen sollten oder nicht. In dieser Vorgangsweise wurden Grundelemente der Exerzitien auf die Entscheidung einer Gruppe angewandt.

Dabei faszinierte mich der in der Deliberatio beschriebene klar strukturierte Prozess einer gemeinschaftlichen Entscheidungsfindung: die Beschreibung der Problemlage und die Bestimmung der zu entscheidenden Frage; das Suchen nach verschiedenen Lösungsvarianten; das Abwägen dieser im Blick auf das erstrebte Ziel; die sich allmählich einstellende Klarheit; die Entscheidung als Ergreifen der sich als bessere Lösung gezeigten Variante; die Konsequenz in der Umsetzung und die Auswertung nach einiger Zeit.

Für die Umbruchszeit des Konzils schien mir damit eine wertvolle Vorgangsweise gegeben, ging es doch darum, in vielen Bereichen des Ordens gemeinsam nach neuen Wegen zu suchen. Von da an hat mich die Frage nach guten Entscheidungen im Zusammenhang mit religiösen Gemeinschaften nicht mehr losgelassen: sowohl in der eigenen wie auch später in der Arbeit mit anderen Ordensgemeinschaften und kirchlichen Einrichtungen.

In der Anwendung der Methode der Deliberatio legte

ich Wert auf das schrittweise Vorangehen und musste immer wieder erleben, dass dennoch keine guten Entscheidungen zustande kamen. Was war der Grund dafür? – In den Exerzitien wird bereits beim »Fundament« auf die Haltung der Indifferenz verwiesen. Um den je besseren Weg auf das Ziel des Lebens hin zu finden, bedarf es der Indifferenz als Bemühen um innere Freiheit und die Bereitschaft, sich offen auf das einzulassen, was sich als mögliche Lösungswege zeigt. Diese Bemühung um Indifferenz ist wichtig, weil in konkreten Entscheidungsfragen mit Vorlieben oder Abneigungen zu rechnen ist; sich ihrer bewusst zu werden und sie sich einzugestehen, lässt allmählich freier werden.

Indifferenz ist auch für gute Entscheidungen in Gemeinschaft Grundvoraussetzung. Wo diese fehlt, kommen bestimmte Lösungsmöglichkeiten gar nicht in den Blick, weil bereits stillschweigend Vorentscheidungen getroffen sind, bestimmte Lösungen gepusht oder verhindert werden, ohne dass dies deklariert würde. Dies beeinträchtigt auch den Gruppenprozess, da Lösungen gegeneinandergestellt werden und Parteiungen entstehen, die eine einmütige Entscheidung verunmöglichen. Wo hingegen alle Beteiligten sich immer wieder um Indifferenz als innere Freiheit gegenüber allen Möglichkeiten bemühen, entsteht eine Offenheit für das, was Gott einer Gemeinschaft als Weg zeigen will. In der Indifferenz kommt so zum Ausdruck, dass ihre Grundlage das Vertrauen in die Führung durch den Geist Gottes selbst ist – mit dem Bemühen, die Geister immer wieder selbstkritisch und im offenen Dialog zu unterscheiden. Indifferenz gehört deshalb zum Fundament eines guten Entscheidungsprozesses.

Alois Riedlsperger SJ

Freunde im Herrn

Unter seinen ersten Gefährten stand Franz Xaver unserem Ordensgründer am nächsten. Ignatius hatte um den begabten und begüterten Studenten geworben, ja lange gekämpft, und ihn schließlich gewonnen. Viele Briefe bezeugen die tiefe Freundschaft der beiden Männer. Franz Xaver war Mitbegründer des Jesuitenordens und Ignatius hätte ihn auch weiterhin dringend gebraucht: für den Zusammenhalt der Gründungsgruppe, für die Entwicklung der Ordensregeln, für Gespräche und Auseinandersetzungen mit der kirchlichen Hierarchie, für die vielfältigen Aufgaben an sozialen Brennpunkten in Rom und ganz Europa.

Trotzdem sandte Ignatius den, der seinem Herzen am nächsten war, schon in der Frühzeit des Ordens in die schwierigste und fernste Mission, nach Afrika, Indien, Japan, bis vor die Tore Chinas. Er opferte den wichtigsten Mann aus seinem Team für neue, riskante Aufgaben in unbekannten Ländern. Er hätte ihn an seiner Seite halten können, doch er tat das Gegenteil – und hat mit dieser Entscheidung die Ausbreitung des Ordens, aber auch dessen innere Festigung erreicht.

Eine solche Freundschaft, die explosive Kräfte in sich birgt, hat mich in meiner Arbeit in Osteuropa oft geleitet. Zu Beginn standen jeden Tag neue Straßenkinder vor unserer Türe. Wenn ich ihnen sagte, wir hätten keinen Platz mehr für sie, meinten sie, dann müssten wir eben ein neues Haus bauen. Unter diesem Druck ist das immer wieder geschehen. Jedes Mal musste ich dann die besten und mir nächsten Mitarbeiter für die Neugründung opfern, die er oder sie leiten sollte. Eine ständige Gratwanderung: Würden wir den Aderlass verkraften, würde unser Werk daran zerbrechen?

Heute haben wir bei Concordia Platz für tausend Jugendliche und Kinder, und das ist auch dem ignatianischen Paradox zu verdanken: »communitas ad dispersionem« (GK 32). Wir kommen zusammen, um auseinanderzugehen. Meine Ordensbrüder haben mich 1991 nach Rumänien geschickt – war das Vertrauen oder wollten sie mich loshaben? Auf jeden Fall haben sie mich in einen jesuitischen Einsatz gesandt.

Die Freundschaft wächst und trägt Früchte, je größere Aufgaben ich ihr zumute – oder sie zerbricht. Das ist ignatianisches Wagnis.

Georg Sporschill SJ

Von Ignatius und Gottes Welt inspiriert

Im 3. Dekret der 34. Generalkongregation der Jesuiten im Jahr 1995 in Rom findet sich ein knapper, programmatischer Text. Er ist eine gemeinschaftliche Zusammenfassung dessen, was die dort aus aller Welt versammelten Jesuiten als Orientierungslinien ihrer von Ignatius und der Welt von heute inspirierten Spiritualität ansehen.

Heute sind wir uns darüber im Klaren:

Kein Dienst am Glauben ohne
Förderung der Gerechtigkeit
Einlassen in Kulturen,
Offenheit für andere religiöse Erfahrungen.

Keine Förderung der Gerechtigkeit ohne
Glauben mitzuteilen,
Kulturen umzuwandeln,
mit anderen Traditionen zusammenzuarbeiten.

Keine Inkulturation, ohne
sich über den Glauben auszutauschen,
mit anderen Traditionen in Dialog zu treten,
sich einzusetzen für Gerechtigkeit.

Kein Dialog ohne
den Glauben mit anderen zu teilen,
Kulturen zu untersuchen,
Sorge zu tragen für Gerechtigkeit.

Im Lichte dieser Reflexionen können wir nun über unsere gegenwärtige Sendung sagen, dass der Glaube, der Gerechtigkeit tut, notwendigerweise ein Glaube ist, der mit anderen Überlieferungen in Dialog tritt und der das Evangelium in die Kultur einbringt.

34. Generalkongregation der Jesuiten

In der Reihe **Ignatianische Impulse** sind bisher erschienen:

Band 1: Willi Lambert, **Das siebenfache Ja,** Exerzitien – ein Weg zum Leben
Band 2: Stefan Kiechle, **Sich entscheiden**
Band 3: Piet van Breemen, **Alt werden als geistlicher Weg**
Band 4: Heiner Geißler, **Glaube und Gerechtigkeit**
Band 5: Cordula und Ottmar Leidner, **Weil ich mit dir wachsen möchte,** Herausforderung Ehe
Band 6: Klaus Mertes, **Verantwortung lernen,** Schule im Geist der Exerzitien
Band 7: Karl Frielingsdorf, **Gottesbilder,** Wie sie krank machen – wie sie heilen
Band 8: Christian Troll, **Als Christ dem Islam begegnen**
Band 9: Bernd Hagenkord, **jugend@gott**
Band 10: Claudia Bausewein, **Sterbende begleiten**
Band 11: Willi Lambert, **Wovon die Liebe lebt,** Eucharistie und Lebenskultur
Band 12: Eckhard Frick, **Sich heilen lassen**
Band 13: Stefan Kiechle, **Macht ausüben**
Band 14: Franz Jalics, **Der kontemplative Weg**
Band 15: Ignatius von Loyola, **In allem – Gott**
Band 16: Gundikar Hock (Hg.), **Ergriffen vom Feuer**
Band 17: Michael Hainz, **Freundschaft mit Armen**
Band 18: Christian Herwartz, **Auf nackten Sohlen,** Exerzitien auf der Straße
Band 19: Albert Keller, **Sinn im Unsinn,** Worüber Jesuiten lachen
Band 20: Christoph Benke, **Sehnsucht nach Spiritualität**
Band 21: Alfred Delp, **Im Angesicht des Todes**
Band 22: Peter Balleis, **Leidenschaft für die Welt**
Band 23: Josef Maureder, **Mensch werden – erfüllt leben**
Band 24: Martin Maier, **Pedro Arrupe – Zeuge und Prophet**
Band 25: Jon Sobrino, **Der Preis der Gerechtigkeit**
Band 26: Piet van Breemen, **Im Geheimnis daheim.** Hilfen aus der Bibel
Band 27: Bernhard Waldmüller, **Gemeinsam entscheiden**
Band 28: Christian Rutishauser, **Christsein im Angesicht des Judentums**

Band 29: Thilo Esser/Meike Wagener-Esser, **Als Familie im Glauben wachsen**

Band 30: Elmar Mitterstieler, **Den verschwundenen Flüssen nachgehen.** Gedanken zur geistlichen Begleitung

Band 31: Felix Genn, **Es würde der Welt etwas fehlen.** Pastorale Impulse aus dem Geist der Exerzitien

Band 32: Hermann Kügler, **Versuchungen widerstehen?**

Band 33: Vitus Seibel (Hg.), **Was bedeutet Dir Jesus Christus?**

Band 34: Stefan Kiechle, **Spielend leben**

Band 35: Elke Rüegger-Haller, **Aufstehen und heilen.** Missbrauch und Exerzitien

Band 36: Eckhard Frick/Margret Fühles, **Schöpferisch im Spiel vor Gott.** Bibliodrama und Exerzitien

Band 37: Gabriela Grunden, **Wer glaubt, fragt**

Band 38: Hermann Kügler, **Scheitern**

Band 39: Klaus Mertes, **Widerspruch aus Loyalität**

Band 40: Ursula Dirmeier, **Nicht Furcht, sondern Liebe.** Geistliche Lebenskunst mit Mary Ward

Band 41: Christoph Benke, **Gott ist nicht kleinlich.** Über das christliche Maß

Band 42: Stefan Bauberger, **Der Weg zum Herzgrund.** Zen und die Spiritualität der Exerzitien

Band 43: Medard Kehl/Stephan Ch. Kessler, **Priesterlich werden – zwischen Banalität und Verklärung**

Band 44: Medard Kehl, **Mit der Kirche fühlen**

Band 45: Albert Keller, **Vom guten Handeln.** In Freiheit die Geister unterscheiden

Band 46: Klaus Mertes, **Sein Leben hingeben.** Suizid, Martyrium und der Tod Jesu

Band 47: Stefan Kiechle, **Warum leiden?**

Band 48: Anton Aigner, **Die Kunst des Leitens.** Erfahrungen – Einsichten – Hinweise

Band 49: Gundikar Hock (Hg.), **Freunde im Herrn.** Heilige und selige Jesuiten

Band 50: Willi Lambert (Hg.), **Von Ignatius inspiriert.** Erfahrungen und Zeugnisse

Band 51: Christian Herwartz, **Brennende Gegenwart.** Exerzitien auf der Straße

Band 52: Alex Lefrank, **In der Welt – nicht von der Welt**